相続税大増税!!

# 「生前遺産分割」で財産を守れ

新相続税の攻略法はコレだ!

税理士
三輪厚二【著】

清文社

# はじめに

ついに…　ついに相続税が改正された！　基礎控除がなんと四割も減らされ、最高税率にいたっては五五％にも上げられてしまった。相続税大増税時代の始まりである。

これまで、相続税といえば「お金持ちにかかる税金」というイメージが強かったけれど、これからは、「自宅とちょっとした預金を持っていたら相続税がかかる」、そんな時代になってしまったのである。

ウカウカしていたら、あなたにも相続税がかかり、財産は確実に減ってしまうだろう。そんなことにならないためにも、しっかり「生前遺産分割」を実行して財産を守っていかなければならない。

「生前遺産分割」⁉　そう、私が以前から提言してきていることであるが、生前遺産分割とは、自分の意思がしっかりしている間に、自分の財産の分け方を生前にキチンと決めておき、残された相続人間で揉めないように、そして少しでも税金を安くして、より多くの財産を残していこうというものである。

税金をただ安くというものではない。税金は安いに越したことはないが、それより大切なこと、―家族が揉めない、確実に財産をバトンタッチする―ということに重点をおいて行う生前相続対策なのである。

自分の相続を知り、どのような制度を使ってやるか。①贈与か、②相続時精算課税制度か、③事業承継税制か、④信託か。

はたまた、どのような方法でやるのか。①生前贈与か、②死因贈与か、③遺言か、④遺言代用信託か、⑤遺言信託か、⑥後継ぎ遺贈型信託か。

こういったことを、あなたがあなたの意思で決定して、実行していく。これこそが、私が提言する「生前遺産分割」であり、家族に一番財産が残る方法であると私は思う。

新相続税は大増税ではあるが、実は贈与にはやさしい。そう、税制は、相続時精算課税制度が導入された平成一五年から「相重贈軽」路線を突っ走っているのだが、この流れは「生前遺産分割」と全く同じである。この流れにうまく乗っていっていただきたい。そうすれば、確実に税額は減るし、揉めない相続ができるものと思う。

「家族円満」—相続人の権利意識が強くなった今、最大のキーワードはこれである。「円満相続」…これができるのは、そう、あなたしかいない。是非、生前遺産分割を実践していただき、「よい相続」となることを心より祈念している。

最後に、いつもながらではあるが、大変お世話になった清文社の皆様に厚くお礼を申し上げる。

平成二五年四月

税理士　三輪　厚二

# 目次

時価評価の時価って？／小規模宅地の減額特例はこうなった／相続開始前三年以内の贈与には相続税が⁉／相続時精算課税制度は新相続税上有利なのか？／生命保険金の非課税枠はどうなった？／死亡退職金の非課税枠は？／税額から控除してくれるもの／未成年者の恩典はこうなった／障害者の恩典はこうなった／控除できる債務とは？／葬式費用に含まれるもの、含まれないもの／贈与なのに相続税がかかるものって⁉／遺贈と贈与、どう違う？／相続と遺贈、どう違う？／相続税の申告と納付は／申告納付までのスケジュール／相続人が相続税を払わないと？

# 第3章 「新贈与税」をくわしく知る

新設されたもう一つの贈与／新贈与税のしくみ／税率はこうなった／配偶者に贈与するのはトク⁉／住宅取得資金の贈与にはメリットがある⁉／教育資金の贈与は非課税に⁉／贈与税のかかる財産とは？／贈与税のかからない財産もある⁉／贈与税のかからない贈与もある⁉／こんな場合にも贈与税がかかる⁉／国外財産の贈与はこうなった／相続開始の年にする配偶者への贈与はトク⁉／相続開始前三年以内の贈与にも贈与税がかかる⁉／特定障害者に対する贈与はこうなった／法人への贈与にも贈与税がかかる⁉／贈与があった時はいつ？／負担付贈与はトク⁉／生前贈与と死因贈与、どう違う？／遺贈と死因贈与、どう違う？／贈与税の申告と納付は？

本書の内容は平成二五年四月一日現在の法令等によっています。

# 第1章

# 新相続税・贈与税はこうなった

## ❖ついに相続税が大増税に!!

ついに…ついに相続税が改正され、大増税されることとなった。基礎控除は四割減、最高税率はなんと五五％にもなる。

これまで、ウチは基礎控除の範囲内だから相続税なんか関係ないと思っていた人でも、これからはかなりの人が対象者に取り込まれることとなるし、相続税がかかると思っていた人でも、その負担はウンと重いものになる。

ウカウカしていたら、財産は確実に減ってしまう。そんな時代になったのである。これからは、シッカリ生前対策（生前遺産分割）をしていかなければならない。

## ❖あなたにも相続税が!?

この相続税の大改正。モトをただせば、平成二二年度の税制改正大綱で「バブル崩壊後、地価が下落したにもかかわらず、基礎控除の引下げ等が行われてこなかったことから、相続税の負担が一〇〇人に四人しか負担しない構造になっており、課税公平の観点から問題であるので、課税ベース、税率構造の見直しを平成二三年度の税制改正で目指す」とされたのが始まりで、その後、平成二三年度の税制改正で今回の原型となる改正案が出されたものの、いわゆる「ねじれ国会」で改正にならず、再度審議することとなったものが、政権が代わって、今回の改正に至ったというもの。

なんでも、課税割合を「一〇〇人に四人」から「一〇〇人に六人」にすることを目標にしているとのこと。国税庁が公表しているデータを見ると、被相続人の数がざっと一二五万人であることから、課税割合が二％増えるとなると、約二万五〇〇〇人もの人が今回の改正で新たに対象者になることとなる。あなたもその一人になる…のでは⁉

【被相続人数の推移】

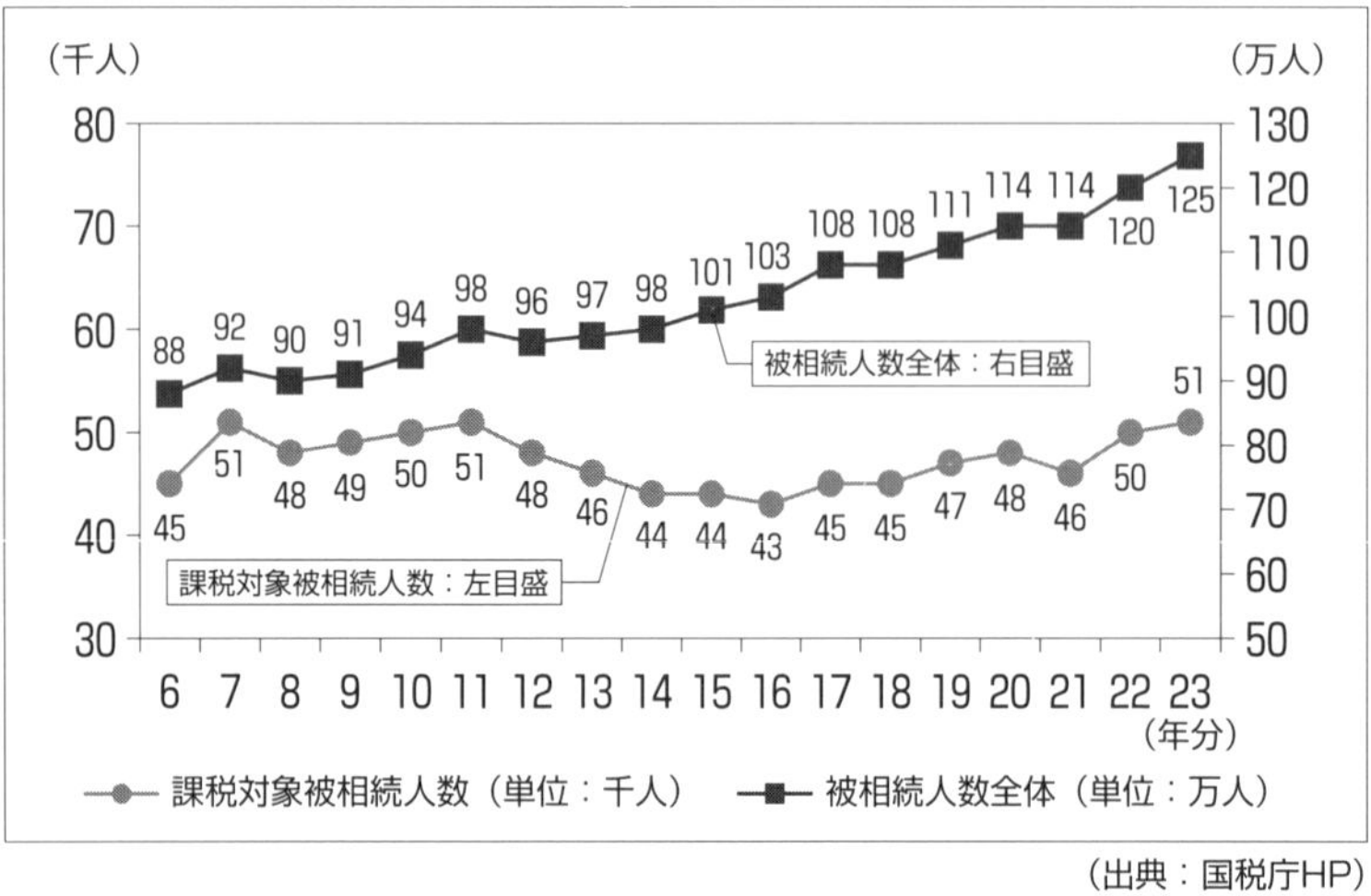


（出典：国税庁HP）

【課税割合の推移】

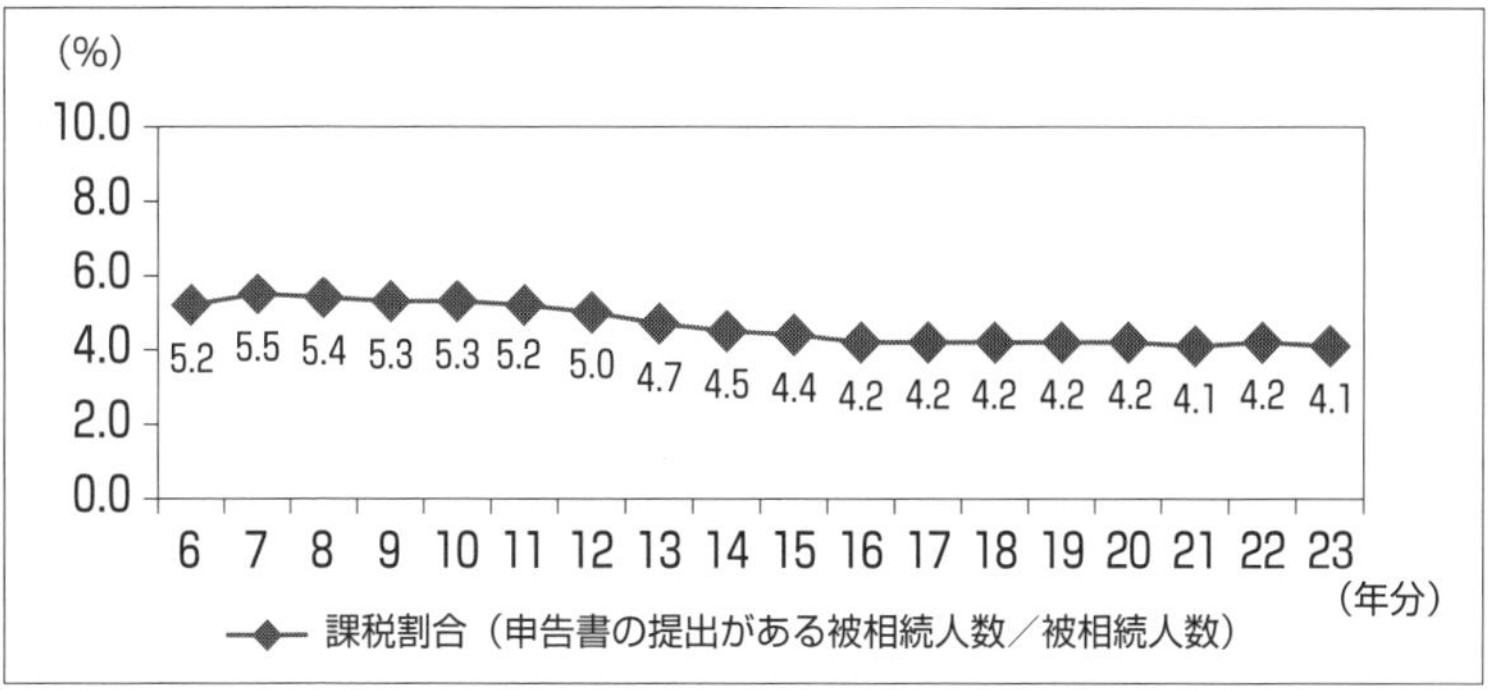


（出典：国税庁HP）

【相続税の課税価格及び税額の推移】

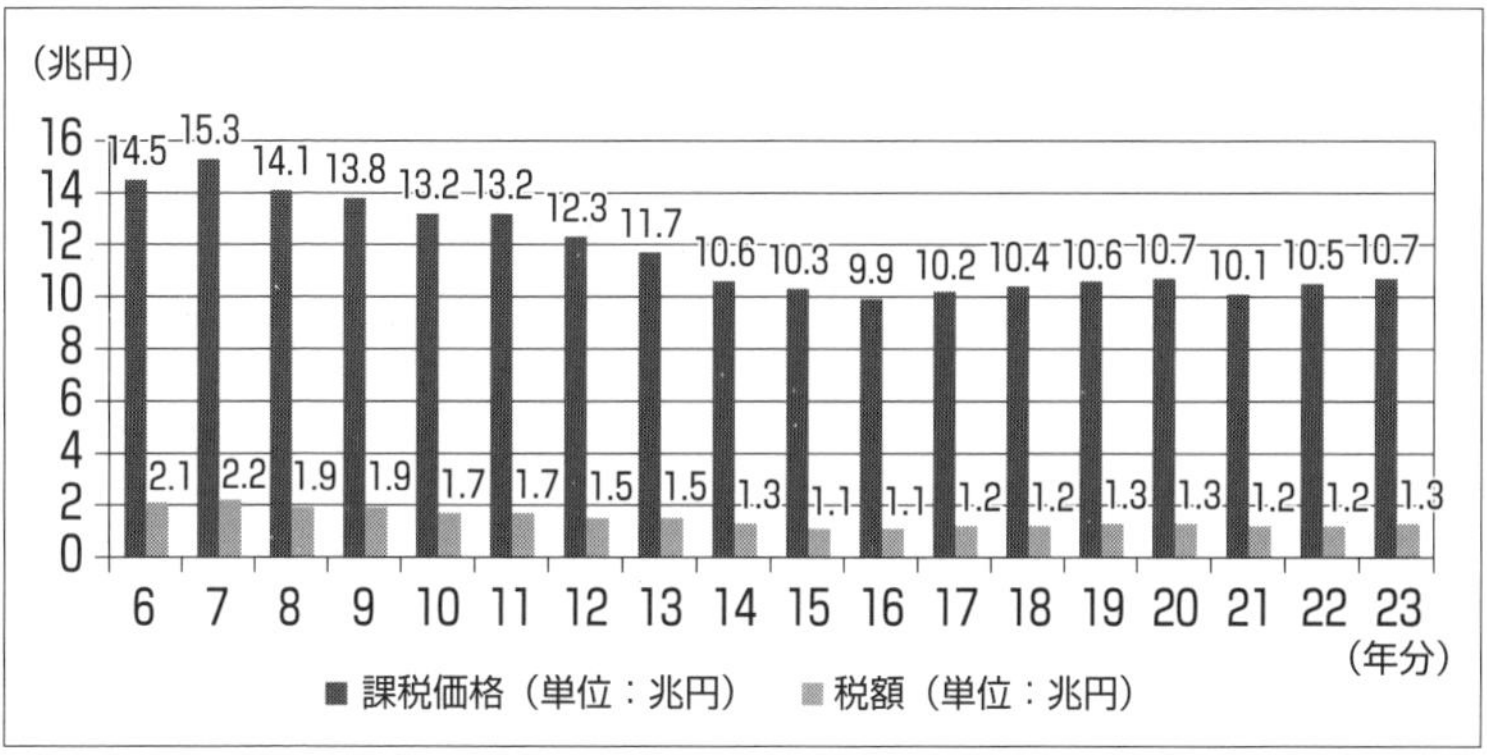


（出典：国税庁HP）

## ❖新相続税はこうなった

今回の相続税の改正は、相続に厳しく、贈与に甘い規定になっている。これは、改正が、高齢者の保有する資産を早期に移転させ消費を拡大させる、ないしは経済を活性化させるという政策的な目的で行われたものであるからであって、この流れは一〇年前に相続時精算課税制度が創設されたときと同じである。

つまり税制は、かなり前から生前贈与を積極的に後押ししているのである。相続をうまく乗り切るには、この流れに上手に乗らなければならない。

## ❖新相続税はキビシィー

新相続税の主な改正点を概観しておこう。

まずは、相続税の基礎控除と税率構造だ。最近の改正の推移は、次のようになっている。基礎控除は、バブル前の水準まで引き下げられ、最高税率は引き上げられることとなった。

【最近の基礎控除の推移】

| 区　　分 | 基礎控除等 |
|---|---|
| 〜S62/12 | 2,000万円＋　400万円×法定相続人数 |
| S63/１〜H３/12 | 4,000万円＋　800万円×法定相続人数 |
| H４/１〜H５/12 | 4,800万円＋　950万円×法定相続人数 |
| H６/１〜H26/12 | 5,000万円＋1,000万円×法定相続人数 |
| H27/１〜 | 3,000万円＋　600万円×法定相続人数 |

【改正前後の税率構造】

| 現　　行 | | 改　正　後（平成27年１月１日以後） | |
|---|---|---|---|
| 各相続人の法定相続分相当額 | 税率 | 各相続人の法定相続分相当額 | 税率 |
| 1,000万円以下の金額 | 10% | 1,000万円以下の金額 | 10% |
| 3,000万円以下の金額 | 15% | 3,000万円以下の金額 | 15% |
| 5,000万円以下の金額 | 20% | 5,000万円以下の金額 | 20% |
| １億円以下の金額 | 30% | １億円以下の金額 | 30% |
| ３億円以下の金額 | 40% | ２億円以下の金額 | 40% |
| | | ３億円以下の金額 | 45% |
| ３億円超の金額 | 50% | ６億円以下の金額 | 50% |
| | | ６億円超の金額 | 55% |

次に、具体的な税負担を見てみよう。実は、こんなにも税負担が違っている。今回の相続税増税は、キビシィーのだ。

【改正前後の相続税額比較】

| 相続税の課税価格（基礎控除前） | 現行 | 改正後（平成27年１月１日以後） | 増税額 |
|---|---|---|---|
| 5,000万円 | ゼロ | 10万円 | 10万円 |
| １億円 | 100万円 | 315万円 | 215万円 |
| ２億円 | 950万円 | 1,350万円 | 400万円 |
| ３億円 | 2,300万円 | 2,860万円 | 560万円 |
| ５億円 | 5,850万円 | 6,555万円 | 705万円 |
| 10億円 | １億6,650万円 | １億7,810万円 | 1,160万円 |
| 20億円 | ４億950万円 | ４億3,440万円 | 2,490万円 |

（注）相続人は配偶者と子供２人、法定相続分で相続したものとする。

## ❖相続税から逃れるには

新相続税から逃れるには…もちろん、脱税なんていうのはもってのほかだけれど、基本的には、税制の流れ―相続より贈与―に乗っかって、贈与の特例やいろんな贈与の制度を比較検討するとともに、税率を比較、シミュレーションして一番有利なプランを立てた上で、これを計画的に実行していく。そうしていけば必ず、税負担は軽くなることとなる。

そのためには、まず、「自分の相続」を知らなければならない。「自分の相続」を知らないと何も始まらないのである。相続税なんて知らん、家族は揉めん、と思っていたら、家族は確実に相続税に泣かされるのである。

そう、あなた自身が、自分の財産を、生前に誰にどのように渡すのか（生前遺産分割）をキチンと考えなければ、あなたの財産は守れないのである。そこをまず理解していただきたい。

## ❖新贈与税はヤサシィー

新贈与税は、①一般の贈与のほかに、②直系尊属から二〇歳以上の者への贈与（特例贈与）が新設され、それぞれ別の税率表を適用することとなった。最高税率は高くなったものの、三〇〇〇万円程の贈与をする場合には税負担が軽くなったし、新設された特例贈与においては、さらに税負担が軽くなっている。

「子や孫への贈与は、税金を安くしたんで、どんどん贈与してくださいね」ということである。

【改正前後の税率構造①　一般の贈与】

| 現行 | | 改正後※ | |
|---|---|---|---|
| 区分 | 税率 | 区分 | 税率 |
| 200万円以下の金額 | 10% | 同左 | 10% |
| 300万円以下の金額 | 15% | 〃 | 15% |
| 400万円以下の金額 | 20% | 〃 | 20% |
| 600万円以下の金額 | 30% | 〃 | 30% |
| 1,000万円以下の金額 | 40% | 〃 | 40% |
| 1,000万円超の金額 | 50% | 1,500万円以下の金額 | 45% |
| | | 3,000万円以下の金額 | 50% |
| | | 3,000万円超の金額 | 55% |

【②　新設された直系尊属から20歳以上の者への贈与】

| 現行 | | 特例贈与※ | |
|---|---|---|---|
| 区分 | 税率 | 区分 | 税率 |
| 200万円以下の金額 | 10% | 同左 | 10% |
| 300万円以下の金額 | 15% | 400万円以下の金額 | 15% |
| 400万円以下の金額 | 20% | | |
| 600万円以下の金額 | 30% | 600万円以下の金額 | 20% |
| 1,000万円以下の金額 | 40% | 1,000万円以下の金額 | 30% |
| 1,000万円超の金額 | 50% | 1,500万円以下の金額 | 40% |
| | | 3,000万円以下の金額 | 45% |
| | | 4,500万円以下の金額 | 50% |
| | | 4,500万円超の金額 | 55% |

※　平成27年１月１日以後の贈与から適用される。

その他にもある。「相続時精算課税制度」である。この制度は、親と子（推定相続人）との間に認められた贈与の特例で、二五〇〇万円までの贈与には贈与税がかからず、それを超える部分の金額に対して、一律二〇％の税率で贈与税がかかるというものである。この相続時精算課税制度の要件が、次のように緩和された。

| | 現行 | 平成二七年一月一日以後 |
|---|---|---|
| 受贈者 | 二〇歳以上の推定相続人 | 二〇歳以上の推定相続人及び孫 |
| 贈与者 | 六五歳の者 | 六〇歳以上の者 |

「子供だけでなく、孫にもどんどん贈与してよね」ということである。

## ❖相続税VS贈与税 勝つのはどっち!?

相続税と贈与税はどっちがキビシィーんだろうか。税率は同じだから…引き分けか!? というわけでもない。

相続税にも贈与税にも基礎控除というものがあるし、どちらも累進課税であるから、一概にどっちが有利ということはできないが、相続税の負担と贈与税の負担が同じになるポイントがある。これを「生前贈与分岐点（詳しくはP179 **7章**の**「贈与」**を参照）」という。

このポイントまでなら贈与税の方が有利になるということであるが、これも「自分の相続」を知らなければ算出できないし、また、財産の変動や土地や株などの時価の変動によっても変わってくるので、定期的に見直しをしなければならない。

## ❖相続税対策、ポイントは「1－2」!?

今の税制の流れは、「相重贈軽」である。つまり、相続税の負担は重く、贈与税の負担は軽くであることから、贈与を積極的に活用して相続税を減らす。これが基本路線となる。

では、どのように贈与を活用するかであるが、ポイントは「1－2」、これである。

「1－2」!? なんじゃそれ、と思われるかもしれないが、それは、「増えるより減らす」ということ、つまり、毎年増える財産より多い贈与をするということである。

しかしながら、ただ単に贈与をすればいいというものではない。贈与には、通常の贈与の他に、直系尊属からの贈与、相続時精算課税制度の贈与、住宅資金や教育資金の贈与、配偶者や障害者への贈与といろんな贈与の制度があるだけでなく、贈与税の納税猶予制度であったり、はたまた遺贈や死因贈与などいろんな贈与の選択肢がある。

そのどれを使うか。それは、「あなたの相続」によって違ってくる。

一概にはいえないが、ザックリということであれば、税額を減らすなら通常の贈与、直系尊属からの贈与、住宅資金や教育資金の贈与、配偶者や障害者への贈与ということになり、一定の要件を満たすようであれば贈与税の納税猶予、所得を移して所得税を減らすなら相続時精算課税制度の贈与、民法の規定によらないイレギュラーな財産の移転なら信託、ということになろう。詳しくは、**第2章**以降を参考にしていただきたい。

## ❖新相続対策、攻略方法はこれだ!!

相続対策というのは、もちろん相続税を安くするという目的で行うものもあるが、それ以外に、たとえば、自社株は後継者にとか、不動産は長男にというように、確実に誰かに財産を引き継がせるという目的で行うものもあるし、相続後の財産の不均衡を解消するという目的で行うものもある。

どちらも重要なことであるが、最も重要なことは、「相続で揉めないようにしておくこと」、そして「きちんと税金を払えるようにしておくこと」なのである。

いくら税金を安くしたとしても、納める原資がなければ困ってしまうし、いくらこの財産を誰かにと思ったとしても、相続人間で揉めてしまったら必ずしもそのとおりにならないし、税金だって高くなることがある。

「相続は必ず揉める!!」そう思っておいたほうがいいのである。

では、どのようにするのがいいか。答えは…そう、ズバリ「生前遺産分割」である。「なんだ、それは?」「生前に遺産分割なんかできるのか?」と思われるかもしれないが、私が提案する生前遺産分割とは、生前に自分の財産の分け方をキチンと決めておき、相続で家族が揉めることのないよう、そしてまた、少しでも多くの財産を次世代に承継しようというものなのである。新相続対策を攻略するには、これしかない。

## ❖生前遺産分割で財産をマモレ！

「生前遺産分割」…!? うーん、もうひとつピンとこないという人に、もう少し説明しよう。

生前遺産分割とは、自分の意思がしっかりしている間に、自分の財産の分け方をキチンと決めておき、残された相続人間で揉めないように、そして少しでも税金を安くして、より多くの財産を残していこうというものである。税金をただ安くしようというだけのものではない。

税金は安いに越したことはないが、それより大切なこと―家族が揉めない、確実に財産をバトンタッチする―ということに重点をおいて行う生前相続対策なのである。

自分の相続を知り、どのような制度を使うか。①贈与か、②相続時精算課税か、③事業承継税制か、④信託か。

はたまた、どのような方法でやるのか。①生前贈与か、②死因贈与か、③遺言か、④遺言代用信託か、⑤遺言信託か、⑥後継ぎ遺贈型信託か。

こういったことを、あなたがあなたの意思で決定して、実行していく。これこそが、私が提案する「生前遺産分割」であり、家族に一番財産が残る方法であると思う。

「家族円満」これこそが究極ではなかろうか！　財産が原因で、家族が他人になっては元も子もない。そんなことにならないためにも、是非、「生前遺産分割」を実践していただきたい。

## ❖うまく相続を乗り切るには⁉

相続をうまく乗り切るには、さきにもふれたが、まず「自分の相続」を知らなければならない。

それにはまず、①現在あるすべての財産と債務を集計して現状の相続税額を把握する。概算でもいいので自分の相続税額を計算しよう。財産は、Ｐ17～20のような感じで集計するとよい。自分で相続税額が計算できない場合は、相続に詳しい税理士にお願いしよう。

そして、相続税額がつかめたら、次に②どの財産を誰に相続させるかを具体的に考えてみる。

その次に、③その分割案に基づいた各人の相続税額を求めるとともに、納税資金が確保されているかどうかを検討してみる。

そして、④納税資金が確保できていない場合には、分割案を練り直す、又は生命保険などで手当てできないかなどを検討してみる。特定の財産を特定の相続人に相続させたいというものがあれば、それを書き出しておいて、どの方法（贈与なのか遺言なのか信託なのか…）でどれぐらいの財産を、どれぐらいの時間をかけて移していくのかをプランニングする。

生前遺産分割は、まずは分割、次に節税であることを覚えておいてほしい。節税メインはＮｏ Ｇｏｏｄ！　分割案に沿って一番良い節税を考える。それこそがＢｅｓｔ Ｐｌａｎ！

そしてこれを、⑤定期的に見直ししていく。

これが、「生前遺産分割」のやり方である。それぞれ、家族構成や財産の額も違うことから、この方法が一番というものはないが、共通していえることは、財産の額、相続税額などを計算してみた上で、どの財産を誰に継がせるかを考え、バランスよく、揉めないように、節税をしながら、最終的にはきちんと納税ができるようにしておく、ということである。

それができるのは、そう、あなたしかいない。あなたが動き出さなければ何も始まらないのである。さあ、自分の相続を「生前遺産分割」でうまく乗り切ろう！

## 生前遺産分割のための財産集計表

１．親族の氏名及び年齢・続柄

続柄については例えば「孫」としてではなく「長男の長女」のようにご記入ください。

また、相続権のない方もご記入ください。

| 氏　　　名 | 年齢 | 続柄 | 氏　　　名 | 年齢 | 続柄 |
|---|---|---|---|---|---|
| | | | | | |
| | | | | | |
| | | | | | |
| | | | | | |
| | | | | | |
| | | | | | |
| | | | | | |
| | | | | | |
| | | | | | |
| | | | | | |

例
| | | |
|---|---|---|
| A | 65 | 本人 |
| B | 60 | 妻 |
| C | 35 | 長男 |

## 2．親族個人の資料

(1) 預金等の残高　主要な預金残高を銀行別にご記入ください。
（信託・公社債等も含む）

単位：万円

| 銀行名／預金者名 | | | | |
|---|---|---|---|---|
| | | | | |
| | | | | |
| | | | | |
| | | | | |
| | | | | |
| | | | | |
| | | | | |
| | | | | |
| | | | | |
| | | | | |

| 例 | | | | |
|---|---|---|---|---|
| A | 10,000万円 | 5,000万円 | | |
| B | 3,000万円 | | 5,000万円 | |

(2) 上場会社株式　所有上場株式数を銘柄別にご記入ください。

単位：株

| 上場会社名／所有者名 | | | | |
|---|---|---|---|---|
| | | | | |
| | | | | |
| | | | | |
| | | | | |
| | | | | |
| | | | | |
| | | | | |
| | | | | |
| | | | | |
| | | | | |

| 例 | | | | |
|---|---|---|---|---|
| A | 500,000株 | 10,000株 | | |
| B | | 20,000株 | 150,000株 | |

(3) 借入金残高　個人の借入金を借入先別にご記入ください。
　個人事業経営の為の借入金は行を別にしてください。

単位：万円

| 借入者名 | 借入先名 | 年初残高 | 月額返済額 | 借入期間 | 利率 | 元金均等<br>元利均等 |
|---|---|---|---|---|---|---|
| | | | | ／　～　／ | | |
| | | | | ／　～　／ | | |
| | | | | ／　～　／ | | |
| | | | | ／　～　／ | | |
| | | | | ／　～　／ | | |
| | | | | ／　～　／ | | |
| | | | | ／　～　／ | | |
| | | | | ／　～　／ | | |
| | | | | ／　～　／ | | |
| | | | | ／　～　／ | | |

(4) 他の財産及び負債　その他の財産（ゴルフの会員権など）や負債があれば時価をご記入ください。

単位：万円

| 財産・負債 ＼ 所有者名 | | | | |
|---|---|---|---|---|
| | | | | |
| | | | | |
| | | | | |
| | | | | |
| | | | | |
| | | | | |
| | | | | |
| | | | | |
| | | | | |
| | | | | |

(5) 生命保険契約　個人及び法人が加入している生命保険についてご記入ください。

| | | | | | |
|---|---|---|---|---|---|
| 保険会社名 | | | | | |
| 保険の種類 | | | | | |
| 保険金額 | | | | | |
| 被保険者名 | | | | | |
| 保険料支払者 | | | | | |
| | | | | | |
| | | | | | |
| 年額保険料 | | | | | |
| 保険金受取人 | | | | | |
| | | | | | |
| | | | | | |

## ❖相続になったら…

そして相続になったら…大切なのは税理士選び。相続は、会社の申告とは別物なので、相続に強い税理士を選ばないといけない。そうしないと、せっかく生前遺産分割でうまく対策をしたとしても、申告で失敗して、こんな筈じゃなかったというハメになってしまう。

相続は、配偶者がどれだけの財産を相続するかであったり、小規模宅地の特例をどこで適用するか、財産評価の方法などで大きく税額が変わってくるし、納税においても的確なアドバイスがないと最悪、財産を失ってしまうことになる。そうならないためにも、税理士選びは慎重にしなければならない。

また、申告報酬にも気をつけるべきである。せっかく節税をコツコツやってきても、申告報酬でバカ高い報酬を払っていては元も子もない。報酬は、平成一四年三月の税理士法改正以後、税理士事務所ごとに報酬規定を定めることとなっており、①報酬の算定根拠及び②その算定方法を説明をしなければならないようになっているので、依頼する前には、よく説明を聞くとよい。

財産額の何％という報酬規定もあれば、財産評価報酬の積上げ方式というものもあり、額的には税理士事務所ごとに相当開きがあるようである。自分が納得できる所を選ぼう。

# 第2章

# 「新相続税」をくわしく知る

## ❖そもそも相続税って何で課されるの？

相続税というのは「人が亡くなった時に課せられる税金」っていうのはわかるんだけど、そもそも、なんで税金がかかるんだろう、って思わないだろうか？　所得税をちゃんと払っているのに…ただ財産が多いだけで…って。

それは、相続税には次のような目的や役割があって課せられる税金だからである。

① 一生の所得税の補完税としての役割
② 富の分散を図るという社会政策的な目的
③ 財産の一部を社会に還元するという目的
④ 国の財政需要を充たすという目的

つまり、一生かかって稼いだ所得に対する所得税の精算という意味合いもあるが、税収目的というところも多分にあるのだ。だからこそ、ちょこちょこ相続関連の税制改正がある。

今回の改正、そもそものきっかけはというと、「亡くなった人が増えているのに、税収は上がってこない。だから、課税割合を二％ほど上げて税収を増やそう」ということなのである。

## ❖相続税と贈与税の関係は？

相続税と贈与税の関係はどうなっているんだろう？

相続税が一生の所得税の補完税というのなら、贈与税は不要で、相続税だけでいいのではないか？　と思われるかもしれない。

しかし、そうなると、たとえば、生前に財産を全部贈与してしまって相続税を回避しようとする人も現れる。ということで、贈与税の制度を設けて課税漏れがないようにしてあるのだ。つまり、贈与税は相続税の補完税なのである。

## ❖新相続税の計算方法

ではまず、新相続税の話に入る前に、相続税の計算方法の概観を見ておこう。相続税額は、次のように計算する。

① 正味の遺産総額を求める
まず、相続財産の総額から債務及び葬式費用を控除する。相続財産の総額とは、本来の相続財産、みなし相続財産、相続時精算課税対象財産、相続開始前三年以内の贈与財産を合計したものをいう。

② 課税遺産総額を求める
次に、正味の遺産総額から相続税の基礎控除を差し引く。この金額を課税遺産総額という。

③ 法定相続分の金額を求める
課税遺産総額を各相続人が法定相続分に応じて取得したものとする金額を求める。

④ 相続税の総額を求める
③で求めた金額に対する税額を、相続税の速算表に当てはめて算定する。これを合計した

ものが、相続税の総額である。相続税の総額は、相続財産を実際にどのように分割したかとは関係なく、機械的に求めていくものである。

⑤　各相続人が取得した財産額に応じて按分する

④の相続税の総額を、実際に相続した課税財産額で按分する。

⑥　税額控除を差し引く

配偶者に対する相続税額の軽減、贈与税額控除、未成年者控除、障害者控除、相次相続控除、在外財産に対する控除などの税額控除を差し引く。

⑦　納めるべき相続税額

こうして求めた金額が、各相続人の相続税額である。

## 新相続税の仕組み（平成27年以後）

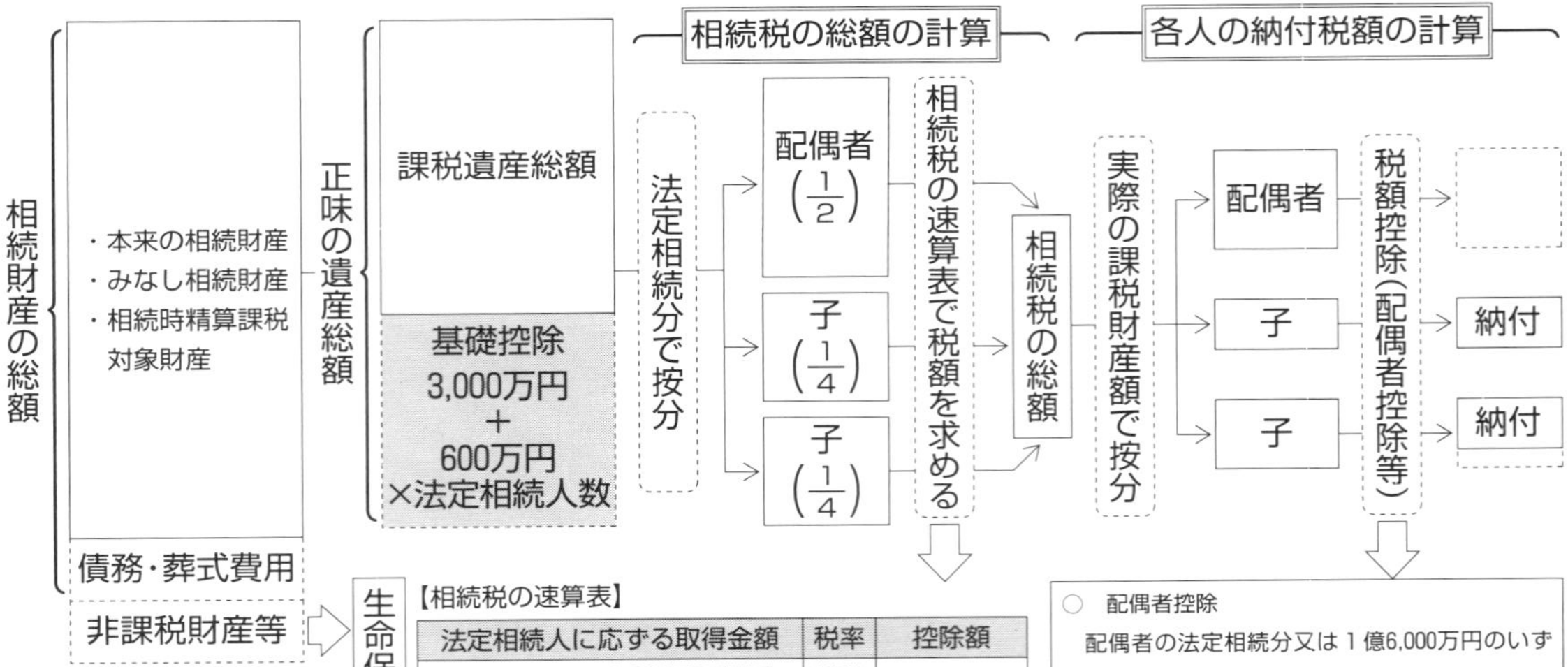
相続税の総額の計算
各人の納付税額の計算
相続財産の総額
・本来の相続財産
・みなし相続財産
・相続時精算課税
対象財産
債務・葬式費用
非課税財産等
生命保険金・退職手当金等
正味の遺産総額
課税遺産総額
基礎控除
3,000万円
＋
600万円
×法定相続人数
法定相続分で按分
配偶者（1/2）
子（1/4）
子（1/4）
相続税の速算表で税額を求める
相続税の総額
実際の課税財産額で按分
配偶者
子
子
税額控除（配偶者控除等）
納付
納付

【相続税の速算表】

| 法定相続人に応ずる取得金額 | | 税率 | 控除額 |
|---|---|---|---|
| | 1,000万円以下 | 10% | － |
| 1,000万円超 | 3,000万円以下 | 15% | 50万円 |
| 3,000万円超 | 5,000万円以下 | 20% | 200万円 |
| 5,000万円超 | 1億円以下 | 30% | 700万円 |
| 1億円超 | 2億円以下 | 40% | 1,700万円 |
| 2億円超 | 3億円以下 | 45% | 2,700万円 |
| 3億円超 | 6億円以下 | 50% | 4,200万円 |
| 6億円超 | | 55% | 7,200万円 |

○ 配偶者控除

配偶者の法定相続分又は１億6,000万円のいずれか大きい金額に対応する税額を控除

○ 未成年者控除

「20歳に達するまでの年数×10万円」を控除

○ 障害者控除

「85歳に達するまでの年数×10万円※」を控除

※特別障害者の場合には、20万円

等

## ❖基礎控除はこうなった

相続税には、基礎控除（正確には遺産に係る基礎控除額という）というものが定められている。正味の遺産総額がこの額までであれば相続税はかからないという額であるが、平成二五年度の税制改正においては、これが次のように減額されることとなった（平成二七年一月一日以後の相続に適用）。

| | |
|---|---|
| 現　行 | 五〇〇〇万円＋一〇〇〇万円×法定相続人数 |
| 改正後 | 三〇〇〇万円＋　六〇〇万円×法定相続人数 |

つまり、四割カットで、六割に縮減されてしまったということだ。こんなに一気に下げられたら、都心にチョッとした自宅を持っている人は、すぐに超えてしまう。ということで、小規模宅地の減額特例が改正され、対象面積が広げられ、調整が図られた。

なお、この場合の法定相続人数は、相続人のうちに相続を放棄した者がいたとしても、その放棄がなかったものとした場合における法定相続人の数となり、被相続人の養子が二人以上いるときは、被相続人に実子がいるときは一人、実子がいないときは二人をその法定相続人の数に加えた数になる。

## ❖相続人には順位がある!?

相続税の取扱いは、そのすべてが相続税法に定められているわけではない。基となるのは民法で、相続税法は、民法の規定の上に乗っかっているところがある。相続人の順位もその一つである。民法では、相続人になる者の順位と範囲を次のように定めており、それ以外の者が相続人となろうとしてもなれないことになっている。後順位者は、先順位者がいない場合に限り相続人になることができる。

| | |
|---|---|
| 第一順位 | 配偶者と子（子の代襲相続人） |
| 第二順位 | 配偶者と父母（祖父母） |
| 第三順位 | 配偶者と兄弟姉妹 |

（注）代襲相続とは、推定相続人である被相続人の子や兄弟姉妹が、相続開始前に死亡したりして相続権がなくなった場合に、その者の直系卑属がその者と同順位で相続すること。たとえば、親より子供が先に亡くなっている場合に、孫が子の代わりに相続人になるということである。

なお、本来の相続人が被相続人の甥や姪の場合には、その子供には代襲相続が認められていない。

つまり、被相続人に配偶者と子供がいれば配偶者と子供が相続人になり、子供が亡くなっていて孫がいる場合には孫が、そして孫も亡くなっている場合には曾孫が代襲相続人として相続人になる。

そして、子供も孫も曾孫もいない場合は、第二順位の被相続人の父母が相続人になり、父母が亡くなっている場合には、祖父母が相続人になる。なお、この場合の父母、祖父母というのは、被相続人の父母、祖父母をいい、配偶者の父母、祖父母は相続人にはなれない。

そして、第二順位がいない場合に第三順位の被相続人の兄弟姉妹が相続人になるが、兄弟姉妹が亡くなっている場合にはその子供、つまり、甥や姪が相続人になる。ただし、甥や姪が亡くなっている場合には、その子供は相続人になれない。

なお、配偶者は常に相続人になれることになっているので、配偶者以外の相続人がいない場合には、配偶者だけが相続人になることになる。

## ❖法定相続分って？

法定相続分とは、民法に規定されているもので次の相続分をいう。相続人によってその相続分は違っている。

| 相続人 | 法定相続分 |
|---|---|
| 配偶者と子（子の代襲相続人） | 子（子の代襲相続人）…… $\frac{1}{2}$ （数人いる場合は等分。非摘出子は摘出子の半分（注））<br>配偶者…… $\frac{1}{2}$ |
| 配偶者と父母（祖父母） | 配偶者…… $\frac{2}{3}$<br>父母（祖父母）…… $\frac{1}{3}$ （数人いる場合は等分） |
| 配偶者と兄弟姉妹（その代襲相続人） | 配偶者…… $\frac{3}{4}$<br>兄弟姉妹（その代襲相続人）…… $\frac{1}{4}$ （数人いる場合は等分。父母の一方のみを同じくする兄弟姉妹は、父母の両方を同じくする兄弟姉妹の半分） |

（注）非摘出子が摘出子の半分になっていることについては、平成二五年四月一日現在、最高裁で違憲ではないかと検討されているところである。

## ❖法定相続分と違う遺産分割は有効か？

相続の相談を受けていると、「相続財産って法定相続分どおりに分割しないとだめなんでしょう？」という質問をよく受ける。法定相続分は、民法で認められた相続人の権利ではあるが、必ずしも、その割合どおりに分ける必要はない。配偶者が全部相続してもいいし、財産をもらわない相続人がいてもいい。相続人全員で分割協議をして、自由に分割すればいいのである。

## ❖養子には人数制限がある!?

相続税には、法定相続人数一人当たり六〇〇万円（現行一〇〇〇万円）の非課税枠があるし、相続税額の総額は、法定相続分で按分した財産の額を基に計算する…。だったら「法定相続人を増やせば節税になるじゃないか」ということで、息子の嫁や孫をたくさん養子に入れて節税するということが過去に横行した。

そんなことをしたもんだから、養子を何人入れても結構、でも、基礎控除を計算する際の法定相続人の数や相続税額の総額を計算する場合の法定相続人の数は制限するよ、ということで現在は、次のように法定相続人の数に算入できる人数が制限されてしまっている。

| ケース | 法定相続人の数に算入できる養子の人数 |
|---|---|
| 被相続人に実子がいる場合 | 一人 |
| 被相続人に実子がいない場合 | 二人 |

## ❖海外にいる相続人は有利か？

相続税の対象となる財産の範囲は、これまで、相続人と被相続人の住所によって次のようになっていた。つまり、相続開始前五年より前から海外に住んでいる、または国籍が海外になっていれば、国内にある財産だけが相続税の対象になり、国外の財産は対象にならなかったのである。

そんなことから、子や孫を一時的に海外に住まわせ、外国籍を取得させたところで財産を国外に移転して、それを相続人に相続させ、相続税を逃れるという租税回避行為が横行してきた。

そこで、こうした行為にアミをかけるべく、平成二五年度の税制改正で、相続人の国籍が国外であっても被相続人の住所が日本であるときは、国内だけでなくすべての財産に対して相続税をかけると改正されたのである。この改正は、平成二五年四月一日以後の相続から適用される。

【相続税の納税義務者の区分と課税対象となる財産の範囲（改正前）】

<table>
<tr><td colspan="2" rowspan="3">相続人<br>被相続人</td><td rowspan="3">住所が日本</td><td colspan="3">住所が国外</td></tr>
<tr><td colspan="2">国籍が日本</td><td rowspan="2">国籍が国外</td></tr>
<tr><td>相続開始前５年以内の住所が日本</td><td>相続開始前５年以内の住所が国外</td></tr>
<tr><td colspan="2">住所が日本</td><td colspan="3" rowspan="2">取得したすべての財産に課税</td><td rowspan="2"></td></tr>
<tr><td rowspan="2">住所が国外</td><td>相続開始前５年以内の住所が日本</td></tr>
<tr><td>相続開始前５年以内の住所が国外</td><td colspan="2"></td><td colspan="2">日本国内にある財産のみに課税</td></tr>
</table>

【相続税の納税義務者の区分と課税対象となる財産の範囲（改正後）】

<table>
<tr><td colspan="2" rowspan="3">相続人<br>被相続人</td><td rowspan="3">住所が日本</td><td colspan="3">住所が国外</td></tr>
<tr><td colspan="2">国籍が日本</td><td rowspan="2">国籍が国外</td></tr>
<tr><td>相続開始前５年以内の住所が日本</td><td>相続開始前５年以内の住所が国外</td></tr>
<tr><td colspan="2">住所が日本</td><td colspan="3" rowspan="2">取得したすべての財産に課税</td><td>← すべての財産が課税対象に</td></tr>
<tr><td rowspan="2">住所が国外</td><td>相続開始前５年以内の住所が日本</td><td></td></tr>
<tr><td>相続開始前５年以内の住所が国外</td><td colspan="2"></td><td colspan="2">日本国内にある財産のみに課税</td></tr>
</table>

## ❖税率はこうなった

税率は、次のように改正されることになった（平成二七年一月一日以後の相続に適用）。税区分が六段階から八段階に細分化され、最高税率が五〇％から五五％になった。二億円超部分は増税である。

| 現行 | | 改正後 | |
|---|---|---|---|
| 各相続人の法定相続分相当額 | 税率 | 各相続人の法定相続分相当額 | 税率 |
| 1,000万円以下の金額 | 10% | 1,000万円以下の金額 | 10% |
| 3,000万円以下の金額 | 15% | 3,000万円以下の金額 | 15% |
| 5,000万円以下の金額 | 20% | 5,000万円以下の金額 | 20% |
| １億円以下の金額 | 30% | １億円以下の金額 | 30% |
| ３億円以下の金額 | 40% | ２億円以下の金額 | 40% |
| | | ３億円以下の金額 | 45% |
| ３億円超の金額 | 50% | ６億円以下の金額 | 50% |
| | | ６億円超の金額 | 55% |

## ❖相続税が割高になる相続人がいる!?

税金って、みんな公平だって思っていないかな？　基本はそうなんだけれど、相続税ではそうではない。

相続税では、配偶者及び一親等の血族（子又は親、代襲相続人は含まれるが、孫養子は除かれる）以外の者が民法が定める相続人（相続の順位）でないのに相続する場合は、相続税が二割も高くなることとなっている。これは、タナボタで財産をもらう、もしくは、一代飛ばしで相続するのだから少し負担を重くしようという理由で割高になっているのである。

ただし、その人の相続税額が、その人の相続税の課税価格の七割相当額を超える場合は、七割相当額が限度とされている。

【相続税額が２割加算される人】

点線で囲った人以外は、相続税額が２割加算される。

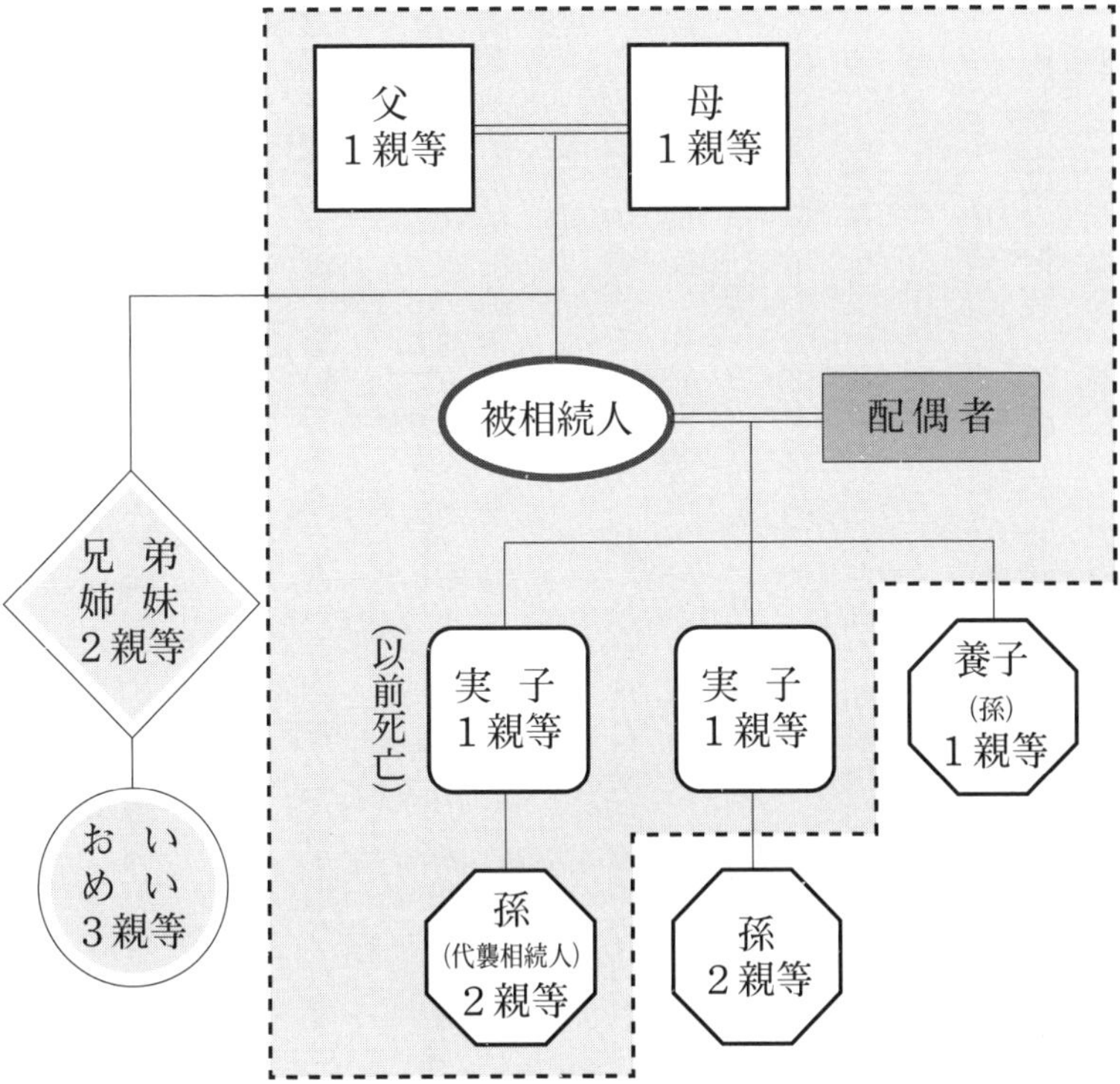
父
1親等
母
1親等
被相続人
配偶者
兄　弟
姉　妹
2親等
おい
めい
3親等
(以前死亡)
実　子
1親等
実　子
1親等
養子
(孫)
1親等
孫
(代襲相続人)
2親等
孫
2親等

## ❖配偶者に相続させると有利!?

相続税では、配偶者に対して税額を軽減してくれる特例がある。これを「配偶者に対する相続税額の軽減」という。

この特例は、①配偶者が被相続人の財産形成に寄与してきたこと、②配偶者の老後の生活保障、③配偶者の相続がそう遠くないであろうという観点から規定されている。軽減される税額は、次のとおり。

①配偶者の課税価格が一億六〇〇〇万円、又は②共同相続人、受遺者の相続税の課税価格の合計額に配偶者の法定相続割合を乗じて算出した金額とのいずれか多い金額を限度として、配偶者の相続税額から控除される。

ただし、この規定の適用を受けるには、次の要件を満たさなければならない。

① 相続税の申告期限(相続開始後一〇か月)までに、遺産分割が終わっていること(未分割であっても、申告期限から三年以内に分割をすれば、更正の請求という手続をすることによって、この規定の適用が受けられる)

② この規定の適用を受ける旨の記載された相続税の申告書を提出すること(課税価格の合計額が一億六〇〇〇万円以内なので、この規定の適用を受けたら相続税がかからないという場合であっても、申告書は提出しなければならないので注意が必要である)

なお、この規定は、仮装・隠蔽した財産には適用がないことになっているので、「相続財産から除外しておいて、あとでバレたらこの規定の適用を受けて課税逃れをしよう」としても、それは認められない。

ところで、配偶者は法定相続分を相続するのがいいのか、それとも一億六〇〇〇万円を相続するのがいいのか、よく聞かれるところだが、これは、配偶者が持っている財産の額によって違う。つまり、次（配偶者）の相続税がいくらになるのか、今回の相続税額と合計するとどちらが有利なのかは、シミュレーションしてみて初めてわかるものなのである。

税金を安くと思うなら、分割を検討する際に、次の相続のシミュレーションもする必要があることを覚えておこう。

## ❖相続税の対象になる財産って？

相続税の課税対象となる財産には、本来の相続財産のほかに、相続税法上のみなし相続財産、相続開始前三年以内の贈与財産、相続時精算課税の対象とした贈与財産がある。まとめると、次のようになっている。

| 相続税対象財産 | 具体的な財産 |
|---|---|
| 本来の財産 | 現金預金、有価証券、土地等、家屋、事業用財産、家庭用財産貸付金等 |
| みなし相続財産 | 生命保険金、退職手当金等（P40**「相続財産でもないのに相続税がかかるものもある!?」**参照） |
| 相続開始前三年以内の贈与財産 | 相続開始前三年以内に、その相続にかかる被相続人から贈与を受けた財産（P49**「相続開始前三年以内の贈与には相続税が!?」**参照） |
| 相続時精算課税対象財産 | 被相続人からの贈与で相続時精算課税制度の適用を受けたもの（**第4章**参照） |

## ❖相続財産でもないのに相続税がかかるものもある!?

相続税は、民法の規定の上に乗っかって定められている。そんなことから、民法に規定する相続財産（本来の財産）は相続税でも相続財産になるのだが、相続税では、民法に定めのないものについても、その財産価値に着目して相続税を課することとしている。この財産のことを「みなし相続財産」という。

みなし相続財産には、次のものがある。

① 被相続人の死亡により受け取る生命保険金等
　被相続人の死亡により、相続人等が受け取る保険金等で、被相続人が保険料等を負担していたもの

②　被相続人に支給されるべきであった退職金等で、被相続人の死亡により、相続人等が受け取る被相続人に支給されるべきであった退職金等で、被相続人の死亡後三年以内に支給が確定したもの

③　生命保険契約に関する権利
相続開始の時において、まだ保険事故が発生していない生命保険契約で、被相続人が保険料等を負担し、かつ、被相続人以外の者が生命保険の契約者となっているもの

④　定期金に関する権利
相続開始の時において、まだ保険事故が発生していない定期金給付契約（③に該当するものを除く）で、被相続人が掛金等を負担し、かつ、被相続人以外の者が定期金給付契約の契約者となっているもの

⑤　保証期間付定期金に関する権利
定期金給付契約で、定期金受取人に対しその生存中又は一定期間にわたり定期金を給付し、かつ、その者が死亡したときはその遺族に支給されるもの

⑥　契約に基づかない定期金に関する権利
被相続人の死亡により、相続人等が受け取る定期金に関する権利で契約に基づかないもの（恩給法の規定による扶助料に関する権利を除く）

⑦　贈与税の納税猶予の適用を受けた農地等
農地等を贈与した場合の、贈与税の納税猶予の特例の適用を受けた贈与者が死亡した場合におけるその特例の対象となった農地等

⑧　特別縁故者に対する分与財産
　相続人の不存在により、特別縁故者が受ける分与財産
⑨　遺言による財産の低額譲渡
　遺言で著しく低い対価で財産の譲渡が行われた場合のその時価と対価との差額に相当する利益（その譲渡が、その譲渡を受けた者が資力を喪失して債務を弁済することが困難な場合に、その扶養義務者からなされたものは除かれる）
⑩　遺言による債務免除
　遺言で債務の免除、引受け又は第三者弁済等がなされた場合のその利益相当額（その債務の免除、引受け又は第三者弁済等が、その利益を受けた者が資力を喪失して債務を弁済することが困難な場合に、その扶養義務者からなされたものは除かれる）
⑪　遺言によるその他の経済的利益
　遺言により特別な利益を受けた場合におけるその利益相当額
⑫　遺言による信託に関する権利
　遺言により信託の受益者等が受けるその信託に関する権利
⑬　特別の法人から受ける利益
　持分のない法人（持分の定めのある法人で持分を有する者がないものを含む）への遺贈により受ける特別の利益

相続税では、相続人がこれらの財産を取得した場合には「相続」として、そして、相続人以外

の者が取得した場合には「遺贈」により取得したものとして取り扱われることとなっている。

なお、これらのみなし相続財産は、民法上の本来の相続財産ではないため、遺産分割の対象に含めないこととなっている。

## ❖相続財産なのに相続税がかからないものもある!?

相続税では、相続財産なのに相続税がかからないものもある。次のようなものだ。財産の性格や社会政策上の問題、国民感情等を考慮して、相続税が課税されない。

① 墓所、仏壇、仏具等
② 宗教、慈善、学術その他公益事業を行っている者が、相続又は遺贈により取得した財産でその公益を目的とする事業の用に供することが確実なもの
③ 地方公共団体が実施する心身障害者共済制度に基づく給付金の受給権
④ 相続税の申告期限までに、国や地方公共団体、特定の公益法人等に寄附した財産で一定の要件に該当するもの
⑤ 弔慰金等として相当と認められる金額
⑥ 相続人の取得した生命保険金等のうち次の非課税限度額までの金額

| 非課税限度額 ＝ 500万円 × 法定相続人の数 |
|---|

⑦　相続人の取得した退職手当金等のうち非課税限度額（⑥と同様に計算）までの金額

## ❖国外財産の取扱いはこうなった

被相続人が有する国外財産は、これまで次のようになっていて、一定の要件さえクリアすれば相続財産に含めなくていいことになっていた。

①　相続人が日本国籍を有していなければ、国外財産は相続税の対象にならない

②　相続人が日本国籍を有していても、被相続人とともに相続開始前五年以内に国内に住所を有していなければ、国外財産は相続税の対象にならない

そんなことから近年では、子や孫を一時的に海外に住まわせ、外国籍を取得させ、その相続人に国外財産を相続させて相続税を逃れるという租税回避行為をする人が増えてきたものだから、平成二五年度の税制改正では、次のようにアミがかけられてしまった。

①　被相続人が日本国籍を有しておらず、被相続人とともに住所が国外にある場合は、国外財産は相続税の対象にならない

②　相続人が日本国籍を有していても、被相続人とともに相続開始前五年以内に国内に住所を有していなければ、国外財産は相続税の対象にならない

平成二五年四月一日以後の相続からは、相続人の国籍が国外であっても被相続人の住所が日本であれば、国内だけでなくすべての財産に対して相続税がかかることになるので注意していただきたい。

【国外財産が課税対象にならない範囲（改正後（平成25年４月１日以後））】

<table>
<tr><th colspan="2" rowspan="3">相続人<br>被相続人</th><th rowspan="3">住所が日本</th><th colspan="3">住所が国外</th></tr>
<tr><th colspan="2">国籍が日本</th><th rowspan="2">国籍が国外</th></tr>
<tr><th>相続開始前<br>５年以内の<br>住所が日本</th><th>相続開始前<br>５年以内の<br>住所が国外</th></tr>
<tr><th colspan="2">住所が日本</th><td colspan="4"></td></tr>
<tr><th rowspan="2">住所が国外</th><th>相続開始前<br>５年以内の<br>住所が日本</th><td colspan="3">国外財産は課税対象になる</td><td></td></tr>
<tr><th>相続開始前<br>５年以内の<br>住所が国外</th><td colspan="2"></td><td colspan="2">国外財産は課税対象外</td></tr>
</table>

## ❖時価評価の時価って?

「相続税を計算する際の財産評価はどうするんですか?」という質問をよく聞く。相続税法では、相続税の対象となる財産の価額は、相続開始時の財産の時価により評価することとしており、時価とは、「課税時期において、それぞれの財産の現況に応じ、不特定多数の当事者間で自由な取引が行われる場合に通常成立すると認められる価額」としている。

しかしながら、実際に時価を算定することは非常に難しいことから、一般的には、財産評価基本通達の定めに従って評価したものを時価として計算することとしている。

実務では、この財産評価基本通達に定める評価以外の評価は、よほど合理性があると認められる場合でないと、時価として認められない。財産評価基本通達とは、もはや法律のようなものである。

## ❖小規模宅地の減額特例はこうなった

小規模宅地等の減額特例とは、残された相続人が生活をしていく上で必要であろうと思われる土地につき、一定の評価減を認めてくれる特例である。

概要は次のとおり。

【小規模宅地等の減額特例】

| 小規模宅地等の内容 | 減額割合 | 対象面積 |
|---|---|---|
| 特定事業用宅地等（不動産貸付用は除く）<br>① 被相続人の事業用宅地等で次の要件のすべてに該当するもの<br>イ その宅地上で営まれていた被相続人の事業をその親族が相続税の申告期限まで承継していること<br>ロ その親族が相続税の申告期限までその事業を営んでいること<br>ハ その親族がその宅地等を相続税の申告期限まで保有していること<br>② 被相続人と生計を一にする親族の事業用宅地等で次の要件のすべてに該当するもの<br>イ その親族が相続開始前から相続税の申告期限までその宅地上で事業を営んでいること<br>ロ その親族がその宅地等を相続税の申告期限まで保有していること | 八〇% | 四〇〇㎡ |
| 特定居住用宅地等<br>① 被相続人の居住用宅地等で次のいずれかの者が相続した宅地<br>イ 配偶者<br>ロ 次のすべての要件に該当するイ以外の親族<br>・相続開始直前においてその宅地上の家屋に被相続人と同居していること<br>・相続税の申告期限までその家屋に居住していること<br>・その宅地等を相続税の申告期限まで保有していること<br>ハ 次の要件のすべてに該当するイ以外の親族（日本国籍を有しない者を除く）<br>・被相続人の配偶者又は相続開始直前において被相続人と同居していた法定相続人がいないこと | 八〇% | 二四〇㎡（三三〇㎡に改正※） |

| | | |
|---|---|---|
| ・相続開始前三年以内に日本国内にある自己又は自己の配偶者の所有する家屋に居住したことがないこと<br>・その宅地等を相続税の申告期限まで保有していること<br>② 被相続人の居住用宅地等で次のいずれかの者が相続した宅地<br>イ 配偶者<br>ロ 次のすべての要件に該当するイ以外の生計を一にしていた親族<br>・相続開始前から相続税の申告期限までその宅地上の家屋に居住していること<br>・その宅地等を相続税の申告期限まで保有していること | | |
| 同族会社の事業用宅地等（不動産貸付用は除く）で次の要件のすべてに該当するもの<br>① 相続開始直前において被相続人及びその親族、これらと特殊関係にある者が株式等の五〇％超を有する会社の事業の用に供されていること<br>② その宅地等を取得した親族が、相続税の申告期限において、その会社の役員であること<br>③ その親族が相続税の申告期限までその宅地等を保有し、引き続きその会社の事業の用に供していること | 八〇％ | 四〇〇㎡ |
| 国営事業用宅地等 | 八〇％ | 四〇〇㎡ |
| 右記以外の小規模宅地等（不動産貸付用など） | 五〇％ | 二〇〇㎡ |

※ 平成二七年一月一日以後の相続から適用される。

平成二五年度の税制改正では、この小規模宅地の減額特例の対象となる面積等の見直しが行われ、次のようになった。これは、相続税の基礎控除が少なくなり、税率が上がることによって、都心に宅地を持つ納税者の負担が大きくなることに対する一つの調整措置といえる。

| | |
|---|---|
| ① | 特定居住用宅地等に係る特例の適用対象面積を二四〇㎡から三三〇㎡までに拡充する |
| ② | 特例の対象として選択する宅地等の全てが特定事業用宅地等及び特定居住用宅地等である場合には、それぞれの適用対象面積まで適用可能とする。<br>ただし、貸付事業用宅地等を選択する場合における適用対象面積の計算は、現行同様、調整が行われる |
| ③ | 一棟の二世帯住宅で構造上区分があるものに被相続人及びその親族が各独立部分に居住していた場合には、その親族が相続又は遺贈により取得した敷地の用に供されていた宅地のうち、被相続人及びその親族が居住していた部分に対応する部分が特例の対象となる |
| ④ | 老人ホームに入所したことにより被相続人の居住の用に供されなくなった家屋の居住の敷地の用に供されていた宅地等は、次の要件が満たされる場合に限り、特例が適用される<br>イ　被相続人に介護が必要なため入所したものであること<br>ロ　その家屋が貸付等の用途に供されていないこと |

（注）①②は平成二七年一月一日以後、③④は平成二六年一月一日以後の相続から適用される。

## ❖相続開始前三年以内の贈与には相続税が⁉

相続税法では、相続又は遺贈（死因贈与を含む）により財産を取得した者が、その相続に係る被相続人から相続開始前三年以内に贈与により取得した財産があるときは、その贈与により取得した財産の価額をその者の相続税の課税価格に加算した価額を相続税の課税価格として相続税額を計算し、その計算した相続税額からその贈与財産につき課せられた贈与税額相当額を控除した金額をもって、その者の相続税額とすることとなっている。

ただし、この場合の相続税の課税価格に算入する贈与財産の価額は、相続時の価額ではなく、贈与時の価額によることとされている。

つまり、相続人にした相続開始前三年以内の贈与は、相続時に相続財産として取り込まれた上で相続税額を計算し、そこから贈与時に納めた贈与税相当額を差し引いて、納めるべき相続税額を求めるのである。

ただし、相続開始前三年以内にした贈与でも、次のものは対象にならないこととなっているので、もしも直前対策を考えたいと思うのであれば、次の贈与を検討してみるとよい。

① 相続人以外にする贈与

② 贈与税の非課税財産

③ 特定障害者扶養信託として贈与税が非課税となるもの

④ 婚姻期間が二〇年以上である配偶者に対する居住用不動産又はその取得資金のうち次の部分の金額

イ 相続開始の年の前年以前の贈与で、贈与税の配偶者控除の適用を受けて控除された金額（最高二〇〇〇万円）

ロ 相続開始の年にされた贈与で、贈与税の配偶者控除があるとした場合に控除されることとなる金額（最高二〇〇〇万円）

## ❖相続時精算課税制度は新相続税上有利なのか？

「相続時精算課税制度」とは、六〇歳（現行は六五歳）以上の親から二〇歳以上の直系卑属である推定相続人及び孫（現行は直系卑属である推定相続人）への贈与に認められた贈与の特例で、二五〇〇万円までの贈与は非課税、それを超える部分の金額に対しては、一律二〇％の税率で贈与税がかかるというものであるが、この制度を利用して贈与した財産は、「相続開始前三年以内の贈与」と同じく、相続時にいったん相続財産に取り込んだ上で相続税額を計算し、そこから贈与時に納めた贈与税額を控除して納めるべき相続税額を計算するというものである。

相続税の計算に取り込まれる財産の価額は、「相続開始前三年以内の贈与」と同じく、贈与した財産の贈与時の価額とされているので、その財産の価額が上昇する見込みのあるものであるなら相続上のメリットがあるが、財産の価額が変わらない、もしくは下がるおそれがあるものであれば、相続上のメリットがない、もしくはデメリットとなる可能性があるので、よく考える必要がある。詳しくは、**第４章**を参考にしていただきたい。

## ❖生命保険金の非課税枠はどうなった？

生命保険金は、みなし相続財産として相続税の対象になる（Ｐ40参照）が、生命保険金には次の非課税枠が認められており、その超えた部分の金額だけが相続税の対象になることとなっている。

生命保険金の非課税金額 ＝ 500万円 × 法定相続人数

この非課税枠、民主党政権時代の税制改正案では、未成年者、障害者又は相続開始直前に被相続人と生計を一にしていた者に限り法定相続人数に含めることとするとされていたことから、平成二五年度の税制改正では、この非課税金額が縮減されるのではと注目されていたが、最終的には改正なし、これまでどおりとなった。

なお、算式の法定相続人数は、相続人のうちに相続を放棄した者がいてもその放棄がなかったものとした場合の法定相続人の数により、被相続人に養子が二人以上いるときは、実子がいるときは一人、実子がいないときは二人を法定相続人の数に算入することとなっている。

また、この規定は相続人に限り適用があるものなので、相続を放棄した者については適用がない。

## ❖死亡退職金の非課税枠は？

生命保険金と同様に、被相続人に支給されるべきであった死亡退職金もみなし相続財産（P41参照）として非課税枠があり、その超えた部分の金額だけが相続税の対象になることとなっている。非課税が適用される相続人及び法定相続人数は、P51**「生命保険金の非課税枠はどうなった？」**と同じ取扱いである。

退職金の非課税金額 ＝ 500万円 × 法定相続人数

なお、この死亡退職金の取扱いは、民主党政権時代の改正案にも上がっておらず、これまでの取扱いと何ら変わりはない。

## ❖税額から控除してくれるもの

相続税には、相続人の担税力や公平な税負担の観点から、税額から一定の金額を控除してくれる規定がある。次の規定だ。

① 配偶者に対する相続税額の軽減（Ｐ38参照）
② 贈与税額控除（Ｐ49参照）
③ 未成年者控除（Ｐ55参照）
④ 障害者控除（Ｐ56参照）
⑤ 相次相続控除

被相続人が亡くなる一〇年以内に開始した相続で税額を負担しているときは、次の算式で計算した金額が相続税額から控除される。これを相次相続控除という。ただし、相続を放棄した者や廃除等で相続権を失った者には適用がない。

$$A \times \frac{C}{B-A} \times \frac{D}{C} \times \frac{10-E}{10} = \text{各相続人の控除額}$$

A：被相続人が一次相続（前の相続）で課された相続税額
B：一次相続により被相続人が取得した財産の価額
C：今回の相続によって取得した財産の価額の合計額
D：今回の相続によって各相続人が取得した財産の価額
E：一次相続から今回の相続までの年数（１年未満端数切捨て）
(注) $\frac{C}{B-A}$ が１を超えるときは１として計算する。

⑥　外国税額控除

国外で相続税と同様の税が課せられた場合には、その税額のうち一定の算式で計算した金額を相続税額から控除してくれる。これを外国税額控除（正確には在外財産に対する相続税額の控除）という。控除される税額は、原則として、国外で課された相続税額であるが、次の算式で計算した金額を超える部分は控除されないこととなっている。

$$\text{相続人（A）の相続税額} \times \frac{\text{外国にある財産の価額}}{\text{（A）の相続税の課税価格}}$$

## ❖未成年者の恩典はこうなった

相続人が未成年者であるときは、未成年者控除（税額控除）の適用が受けられる。適用が受けられる要件は、次のとおり。

① 法定相続人であること
② 日本に住所を有していること
③ 二〇歳未満であること

控除できる金額は、次の算式で計算した金額であるが、平成二五年度の税制改正ではその額が引き上げられることになった。

> 未成年者控除額 ＝ （20歳－その者の年齢（注1））×10万円（注2）（現行６万円）
> （注1）１年未満の端数は１年とする。
> （注2）平成27年１月１日以後の相続から適用される。

ただし、今回の相続以前の相続でこの規定の適用を受けている場合には、前回の相続で控除できなかった金額が限度とされる。

なお、未成年者の算出税額から未成年者控除をしても、なお控除不足があるときは、その額をその者の扶養義務者の相続税額から控除できることとなっている。

## ❖障害者の恩典はこうなった

相続人が障害者であるときは、障害者控除（税額控除）の適用が受けられる。適用が受けられる要件は、次のとおり。

① 法定相続人であること
② 日本に住所を有していること
③ 障害者であること

この場合の障害者とは、精神上の障害により事理を弁識する能力を欠く常況にある者、失明者その他の精神又は身体に障害がある一定の者をいい、特別障害者とは、障害者のうち心身又は身体に重度の障害がある者で一定の者をいう。

控除できる金額は、次の算式で計算した金額であるが、平成二五年度の税制改正ではその額が引き上げられることになった。

**障害者控除額 ＝ （85歳**（注1）**－その者の年齢**（注2）**）×10万円**（注3）（現行6万円）、**特別障害者は20万円**（注3）（同12万円）

（注1）平成22年3月31日以前の相続については70歳として計算する。
（注2）1年未満の端数は1年とする。
（注3）平成27年1月1日以後の相続から適用される。

ただし、今回の相続以前の相続でこの規定の適用を受けている場合には、前回の相続で控除できなかった金額が限度とされる。

なお、障害者の算出税額から障害者控除をしても、なお控除不足がある時は、その額をその者の扶養義務者の相続税額から控除できることとなっている。

## ❖控除できる債務とは？

相続税では、相続人が相続又は遺贈により取得した財産の価額から、被相続人から承継した債務及び葬式費用の額を控除することになっているが、控除できる債務の範囲は、相続人が次のいずれに該当するかによって取扱いが違っている。

| | | |
|---|---|---|
| 日本に住所を有する相続人 | ⬇ | 特定無制限納税義務者 |
| 日本国籍を有する国外に住所を有する相続人（相続人又は被相続人が相続開始前五年以内に住所を有していた場合）<br>日本国籍を有しない国外に住所を有する相続人（被相続人の住所が日本である場合） | ⬇ | 非居住無制限納税義務者 |
| 日本に住所を有しない相続人（右記非居住無制限納税義務者を除く） | ⬇ | 制限納税義務者 |
| 相続時精算課税の適用を受けた相続人（右記に該当する者を除く） | ⬇ | 特定納税義務者 |

① 特定無制限納税義務者又は非居住無制限納税義務者に該当する場合

イ 被相続人の債務

ロ　被相続人にかかる葬式費用

②　制限納税義務者の場合

イ　課税対象となる財産にかかる公租公課

ロ　課税対象となる財産を目的とする留置権、特別の先取特権、質権又は抵当権で担保される債務

ハ　課税対象となる財産の取得、維持管理のために生じた債務

ニ　課税対象となる財産に関する贈与の義務

ホ　被相続人が死亡の際、日本に営業所又は事業所を有していた場合におけるその営業所又は事業所にかかる営業上又は事業上の債務

③　特定納税義務者

イ　相続又は遺贈により財産を取得した相続時精算課税適用者は、右記①②に準じて取り扱われる。なお、相続時精算課税適用者が相続人でなく、特定遺贈のみによって財産を取得した場合は、①及び②の取扱いはない。

ロ　相続又は遺贈によって財産を取得しなかった相続時精算課税適用者は、日本に住所を有していれば①が、国外に住所を有していれば②が適用される。

なお、この場合の債務は、相続開始の際、現に存するもので確実なものに限られている。具体

的には、借入債務や契約に基づく履行義務のほか、固定資産税や所得税、住民税、自動車税などの公租公課（納期が到来していないものであっても納税義務が生じているものは含まれる）などが該当する。

ただし、非課税財産（たとえば仏壇や墓地など）を取得、維持、管理するための債務は、債務控除の対象にはならない。

また、この取扱いは、相続を放棄した者や相続権を失った者には①②の適用がないが、葬式費用を現実に負担している場合には、債務控除することが認められる。

## ❖葬式費用に含まれるもの、含まれないもの

葬式費用として相続財産の価額から控除できるものには、次のようなものがある。

| | |
|---|---|
| ① | 葬式や納骨などに要した費用（本葬式費用、仮葬式費用など） |
| ② | 葬式に際し、お寺などに支払った読経料やお布施などの費用 |
| ③ | 葬式の前後に生じた費用で通常葬式に伴うものとして認められるもの |
| ④ | 死体の捜索、死体や遺骨の運搬費用 |

ただし、次のような費用は葬式に関連する費用だが、葬式費用として取り扱わないこととなっている。

| | |
|---|---|
| ① | 香典返戻費用 |
| ② | 墓碑及び墓地の買入費並びに墓地の借入料 |
| ③ | 法会に要する費用（初七日その他の法要費用） |
| ④ | 医学上又は裁判上の特別の処置に要した費用（遺体解剖費用など） |

## ❖贈与なのに相続税がかかるものって!?

贈与だけど贈与税がかからず、相続税がかかるものがある。この贈与を死因贈与という。

死因贈与は、贈与者の死亡により効力を生ずる贈与であるが、民法では、「贈与者の死亡に因りて効力を生ずべき贈与は遺贈に関する規定に従う」としていることもあって、相続税においても贈与ではなく、遺贈（贈与者の死亡により効力を生ずる贈与を含む）として取り扱うこととなっている。

したがって、死因贈与により財産を取得した者は、遺贈によって財産を取得した場合の規定に従って手続をすることになる。

## ❖遺贈と贈与、どう違う?

遺贈とは、遺言によって財産を無償で他人に与える行為をいい、遺言者の死亡によってその効力が生じるものである。

一方、贈与とは「贈与者」と「受贈者」とで交わす財産の無償譲渡契約であり、契約を交わすことによって効力が生じるものである。

遺贈と贈与は、財産を無償で他人に与えるという点では似ているが、遺贈は遺言者の単独行為であり、死後行為であるのに対して、贈与は財産をあげる者ともらう者との契約であり、生前行為であるという点で違いがある。

相続税法では、相続又は遺贈により財産を取得した場合に相続税を課すこととしていることから、「遺贈」により財産を取得した場合には、贈与税ではなく相続税が課せられることとなる。

遺贈には贈与の「贈」が含まれていることから、贈与の一種では、と思われるかもしれないが、贈与税ではなく相続税の対象になる。

## ❖相続と遺贈、どう違う?

遺贈とは、遺言によって財産を無償で他人に与える行為をいう。

したがって、誰に対する遺贈であっても遺贈に変わりないのであるが、相続税法では、法定相続人に対する遺贈を「相続」、法定相続人以外の者に対する遺贈を「遺贈」として区分しており、「遺贈」によって財産を取得した者に対しては、次のような取扱いをすることとなっている。

① 債務控除

特定受遺者（特定した財産の遺贈を受けた者）は、特定遺贈財産とヒモ付きにある債務については控除できるが、通常の債務控除はできない。一方、包括受遺者（包括して財産の遺贈を受けた者）は、通常どおり債務控除することができる。

② 未分割財産に対する課税

相続財産の全部又は一部が未分割の場合は、各共同相続人又は包括受遺者は、法定相続分又は包括遺贈の割合に従って財産を取得したものとして課税価格を計算することになる。

③ 生命保険金の非課税

相続を放棄又は相続権を失った法定相続人が受け取った生命保険金は、「相続」ではなく「遺贈」により取得したものとされ、生命保険金の非課税規定の適用はない。

④ 退職手当金の非課税

相続を放棄又は相続権を失った法定相続人が、被相続人の死亡によって被相続人に支給されるべき退職手当金を受け取った場合は、「相続」ではなく「遺贈」により取得したものとされ、退職手当金の非課税規定の適用はない。

## ❖相続税の申告と納付は

相続税の申告書は、納付すべき相続税額がある場合や配偶者の相続税額の軽減を受ける場合に、その相続の開始があったことを知った日の翌日から一〇か月以内に、被相続人の住所地を所轄する税務署長に提出しなければならない。

| | |
|---|---|
| 申告期限 | 相続の開始があったことを知った日の翌日から一〇か月以内 |
| 申告書の提出先 | 被相続人の住所地を所轄する税務署 |

この場合において、相続人が二人以上いる場合は、共同して申告書を提出することができることとなっており、この場合には、同一の申告書に連署して申告することになる。

税金は、申告書の提出期限までに納付しなければならない。原則として金銭納付であるが、金銭納付が困難な場合には、特例的に延納又は物納という制度が認められている。

① 延納

| | |
|---|---|
| 延納の概要 | 金銭納付が困難な場合に、担保を提供して最長二〇年まで延納が認められる |
| 延納の要件 | ・納付すべき税額が一〇万円を超えていること<br>・担保を提供すること（延納税額が五〇万円未満で、かつ、延納期間が三年以下の場合は除く）<br>・相続税の納期限までに延納申請書を提出すること |

② 物納

| | |
|---|---|
| 物納の概要 | 延納によっても納付が困難な場合は、相続税の対象となった財産のうち一定の要件を満たすものを物納に充てることができる |
| 物納の要件 | ・延納によっても金銭で納付することを困難とする事由があること<br>・相続税の納付期限までに物納申請書を提出すること |
| 物納できる財産と順位 | ① 国債及び地方債<br>② 不動産及び船舶<br>③ 社債及び株式並びに証券投資信託又は貸付信託の受益証券<br>④ 動産（登録美術品については、①や②と同順位とすることも認められる） |
| 収納価額 | 原則として相続時の価額 |

## ❖申告納付までのスケジュール

相続税を申告するまでのスケジュールは、次のようになっている。

【相続税の申告等予定表】

| 期間 | 相続・申告・登記等 | 留　意　点 |
|---|---|---|
| 1か月 | ・死亡届<br>・役員変更登記※1<br>・葬式費用の領収書の整理保管 | ・7日以内に市町村長へ<br>・2週間以内に法務局へ※1 |
| 2か月 | ・遺言の有無の確認<br>・保険金、年金請求の手続き | ・家庭裁判所の検認開封 |
| 3か月 | ・遺産の概要把握<br>・相続の放棄または限定承認 | ・3か月以内に家庭裁判所へ |
| 4か月 | ・相続人の確認<br>・準確定申告と納付※2 | ・戸籍謄本調査<br>・4か月以内に所轄税務署へ（事業承継人の青色申告承認申請等） |
| 10か月 | ・遺産の調査、評価、鑑定<br>・役員死亡退職金、弔慰金決定※1<br>・遺産分割協議書作成<br>・相続税の申告と納付（延納、物納の申請） | ・10か月以内に被相続人の所轄税務署へ |
| | ・遺産の名義変更手続き | |

※1　被相続人が会社役員の場合

※2　被相続人が個人事業主等で確定申告を要する者の場合

## ❖相続人が相続税を払わないと？

相続人が相続税を払わないとどうなるか。相続税では、連帯納付義務というものが課せられている。

したがって、相続人が相続税を納付しないときは、他の相続人が、その相続又は遺贈により受けた利益の額を限度としてその相続人に代わって相続税を納めなければならず、その者がその連帯納付義務のある相続税を納めないで死亡した場合には、その者の相続人に連帯納付義務が課せられることとなっている。

ただし、平成二四年四月一日以後に申告期限が到来する相続税については、次の場合において、連帯納付義務を負わないこととなっている。

① 相続税の申告期限から五年を経過する日までに、税務署長が連帯納付義務者に対して、連帯納付に係る納付書を発していない場合

② 本来の納税義務者が延納の許可を受けた場合

③ 本来の納税義務者が一定の納税猶予の適用を受けた場合

また、相続税の計算の基礎となった財産を、贈与、遺贈もしくは寄附行為により移転した場合には、その贈与もしくは遺贈により財産を取得した者又は寄附行為により設立した法人は、その贈与、遺贈もしくは寄附行為をした者のその財産を、相続税の計算の基礎に算入した相続税額に、その財産の価額がその相続人の課税価格に算入された財産の価額のうちに占める割合を乗じて算

出した金額に相当する相続税について、その受けた利益の価額に相当する金額を限度として、連帯納付義務が課せられることとなっている。

# 第3章

# 「新贈与税」をくわしく知る

## ❖新設されたもう一つの贈与

贈与といえば、「暦年課税贈与（以下、「通常の贈与」という）」と「相続時精算課税制度の贈与（**第4章**参照）」、これまではこの二つであった。

しかしながら、「高齢者が保有する資産を現役世代に早期に移転させて経済を活性化させる」という観点から、平成二五年度の税制改正において、通常の贈与が、

① 直系尊属から二〇歳以上の者（子や孫）への贈与（以下、「特例贈与」という）と

② ①以外の贈与（以下、「一般贈与」という）

とに区分され、贈与税の税率もそれぞれ、別々の税率が適用されることとなり、併せて、贈与税の最高税率についても五五％とされた。この改正は、平成二七年一月一日以後の贈与から適用される。

## ❖新贈与税のしくみ

贈与税は、財産をもらった人が贈与税を納めるのだが、納めるべき贈与税額は、次のように計算することとなっている。

**【贈与税の計算手順】**

① 贈与税の課税価格を求める

まず、贈与税の課税価格を求める。課税価格は、その年の一月一日から一二月三一日までの間に贈与によって取得した財産の価額を合計して求める。

課税価格 ＝ 本来の贈与財産 ＋ みなし贈与財産 － 非課税財産

② 贈与税の基礎控除を差し引く
次に①で求めた課税価格から贈与税の基礎控除一一〇万円を控除する。この基礎控除後の課税価格（一〇〇〇円未満は切り捨て）に、これに対応する次の税率を乗じて算出した金額から、控除額を差し引いた金額が、求める贈与税額となる。

【新贈与税のしくみ】

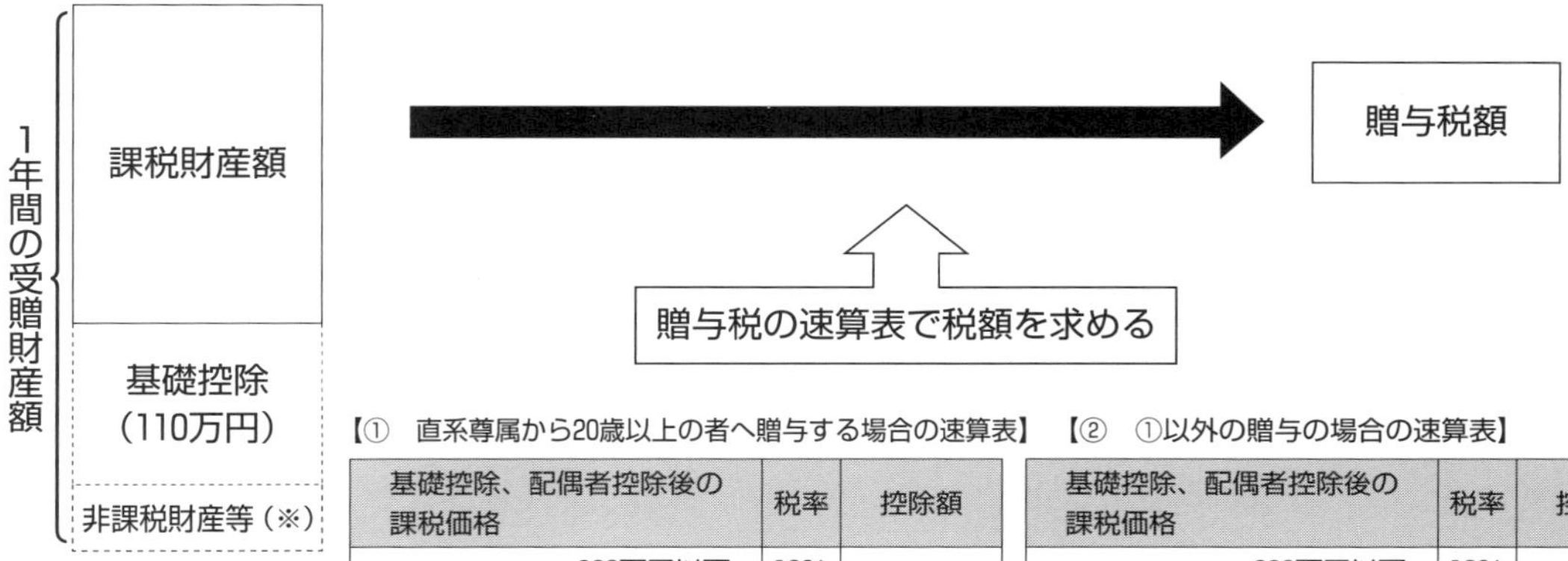
1年間の受贈財産額
課税財産額
基礎控除
（110万円）
非課税財産等（※）
贈与税額
贈与税の速算表で税額を求める

※　扶養義務者相互間の生活費又は教育費に充てるための受贈財産等

【①　直系尊属から20歳以上の者へ贈与する場合の速算表】

| 基礎控除、配偶者控除後の課税価格 | 税率 | 控除額 |
|---|---|---|
| 200万円以下 | 10% | － |
| 200万円超　400万円以下 | 15% | 10万円 |
| 400万円超　600万円以下 | 20% | 30万円 |
| 600万円超　1,000万円以下 | 30% | 90万円 |
| 1,000万円超　1,500万円以下 | 40% | 190万円 |
| 1,500万円超　3,000万円以下 | 45% | 265万円 |
| 3,000万円超　4,500万円以下 | 50% | 415万円 |
| 4,500万円超 | 55% | 640万円 |

【②　①以外の贈与の場合の速算表】

| 基礎控除、配偶者控除後の課税価格 | 税率 | 控除額 |
|---|---|---|
| 200万円以下 | 10% | － |
| 200万円超　300万円以下 | 15% | 10万円 |
| 300万円超　400万円以下 | 20% | 25万円 |
| 400万円超　600万円以下 | 30% | 65万円 |
| 600万円超　1,000万円以下 | 40% | 125万円 |
| 1,000万円超　1,500万円以下 | 45% | 175万円 |
| 1,500万円超　3,000万円以下 | 50% | 250万円 |
| 3,000万円超 | 55% | 400万円 |

## ❖税率はこうなった

贈与税の税率は、①特例贈与と②一般贈与に分けられ、次のように別々の税率が適用されることとなった。そして、最高税率が五〇％から五五％へと引き上げられた。

この表を見ると、

① 最高税率は上がったが、多額の贈与をするには、改正後は有利である

② 特に、特例贈与は有利である

ことがわかる。事例で確認してみよう。

① 特例贈与

| 現行の税率 | | 改正後の税率 | |
|---|---|---|---|
| 区分 | 税率 | 区分 | 税率 |
| 200万円以下の金額 | 10% | 同左 | 10% |
| 300万円以下の金額 | 15% | | |
| 400万円以下の金額 | 20% | 400万円以下の金額 | 15% |
| 600万円以下の金額 | 30% | 600万円以下の金額 | 20% |
| 1,000万円以下の金額 | 40% | 1,000万円以下の金額 | 30% |
| 1,000万円超の金額 | 50% | 1,500万円以下の金額 | 40% |
| | | 3,000万円以下の金額 | 45% |
| | | 4,500万円以下の金額 | 50% |
| | | 4,500万円超の金額 | 55% |

② 一般贈与

| 現行の税率 | | 改正後の税率 | |
|---|---|---|---|
| 区分 | 税率 | 区分 | 税率 |
| 200万円以下の金額 | 10% | 同左 | 10% |
| 300万円以下の金額 | 15% | 〃 | 15% |
| 400万円以下の金額 | 20% | 〃 | 20% |
| 600万円以下の金額 | 30% | 〃 | 30% |
| 1,000万円以下の金額 | 40% | 〃 | 40% |
| 1,000万円超の金額 | 50% | 1,500万円以下の金額 | 45% |
| | | 3,000万円以下の金額 | 50% |
| | | 3,000万円超の金額 | 55% |

（例）1,610万円を贈与する場合

| 現行の贈与 | 改正後の特例贈与 | 改正後の一般贈与 |
|---|---|---|
| （1,610万円－110万円）<br>×50%－225万円<br>＝525万円 | （1,610万円－110万円）<br>×40%－190万円<br>＝410万円 | （1,610万円－110万円）<br>×45%－175万円<br>＝500万円 |

【現行の贈与税の速算表】

| 基礎控除、配偶者控除後の課税価格 | 税率 | 控除額 |
|---|---|---|
| 200万円以下 | 10% | ― |
| 200万円超　300万円以下 | 15% | 10万円 |
| 300万円超　400万円以下 | 20% | 25万円 |
| 400万円超　600万円以下 | 30% | 65万円 |
| 600万円超　1,000万円以下 | 40% | 125万円 |
| 1,000万円超 | 50% | 225万円 |

【改正後の特例贈与の贈与税の速算表】

| 基礎控除、配偶者控除後の課税価格 | 税率 | 控除額 |
|---|---|---|
| 200万円以下 | 10% | ― |
| 200万円超　400万円以下 | 15% | 10万円 |
| 400万円超　600万円以下 | 20% | 30万円 |
| 600万円超　1,000万円以下 | 30% | 90万円 |
| 1,000万円超　1,500万円以下 | 40% | 190万円 |
| 1,500万円超　3,000万円以下 | 45% | 265万円 |
| 3,000万円超　4,500万円以下 | 50% | 415万円 |
| 4,500万円超 | 55% | 640万円 |

【改正後の一般贈与の贈与税の速算表】

| 基礎控除、配偶者控除後の課税価格 | 税率 | 控除額 |
|---|---|---|
| 200万円以下 | 10% | ― |
| 200万円超　300万円以下 | 15% | 10万円 |
| 300万円超　400万円以下 | 20% | 25万円 |
| 400万円超　600万円以下 | 30% | 65万円 |
| 600万円超　1,000万円以下 | 40% | 125万円 |
| 1,000万円超　1,500万円以下 | 45% | 175万円 |
| 1,500万円超　3,000万円以下 | 50% | 250万円 |
| 3,000万円超 | 55% | 400万円 |

なお、同じ年に一般贈与と特例贈与がある場合の贈与税の計算は、次のようにすることとなる。

①　一般贈与について贈与税額を計算する（A）
②　特例贈与について贈与税額を計算する（B）
③　一般贈与の贈与税額を次の算式に基づいて按分する
（A）×一般贈与財産の価額÷その年中に贈与により取得した財産の価額の合計額（x）＝（a）
④　特例贈与の贈与税額を次の算式に基づいて按分する
（B）×特例贈与財産の価額÷（x）＝（b）
⑤　納めるべき贈与税額は③で求めた金額と④で求めた金額の合計額になる。
納めるべき贈与税額＝（a）＋（b）

## ❖配偶者に贈与するのはトクだ!?

P74の「**税率はこうなった**」で、特例贈与（直系尊属から二〇歳以上の者への贈与）は有利であると書いたが、配偶者に対してもおトクな贈与がある。

「贈与税の配偶者控除」という制度であるが、婚姻期間が二〇年以上の夫婦に対して、一回限り、二〇〇〇万円分の居住用不動産を無税で贈与できるという特典が認められている。適用を受けるための要件は、次のとおり。

| | |
|---|---|
| ① | 結婚した日から贈与の日までの期間が二〇年以上であること |
| ② | 贈与財産は、国内にある居住用不動産又は居住用不動産を取得するための金銭であること |
| ③ | 贈与を受けた配偶者が、贈与を受けた年の翌年三月一五日までにその居住用不動産に住んでいること |
| ④ | この特例の適用を受ける旨の贈与税の申告書を提出すること |

なお、「居住用不動産を贈与するのと金銭を贈与するのとどちらがトクか」という質問をよく聞くが、この場合の不動産の価額は、取引時価ではなく相続税評価により行うこととなっているので、通常は、取引時価より相続税評価の方が低いことから、不動産を贈与する方が有利となるケースが多い。

また、土地と建物のどちらから贈与するのがいいかという相談も受けるが、価値が下がる建物より、価値が下がりにくい（上がるかもしれない）土地から贈与した方が有利といえる。

なお、非課税とされる金額は最高二〇〇〇万円だが、贈与税の非課税枠が一一〇万円別枠であるため、合計二一一〇万円まで、非課税で贈与することができる。結婚二〇年を過ぎたら、検討してみてはどうだろう。

ただこの規定、夫婦共に財産が多い場合には、メリットがない（その財産に相続税がかかる）ので、やめておいたほうがよい。

## ❖住宅取得資金の贈与にはメリットがある⁉

父母や祖父母からの住宅取得資金の贈与には、メリットがある。「住宅取得等資金の贈与税の非課税」という制度であるが、居住用不動産の取得又は増改築のための金銭のうち一定金額が非課税になるという制度である。子供や孫が家を建てたいといったら検討してみてはいかがだろうか。要件は、次のとおり。

| | |
|---|---|
| ① | 原則として日本に住所を有していること |
| ② | 贈与を受けた年の一月一日において二〇歳以上であること |
| ③ | 贈与を受けた者のその年分の合計所得金額が、二〇〇〇万円以下であること |
| ④ | 贈与を受けた年の翌年三月一五日までに、居住用不動産（増改築）を取得等して、そこに居住すること |
| ⑤ | その居住用不動産は配偶者や親族などからの取得等でないこと |
| ⑥ | その居住用不動産は一定の要件を満たす家屋もしくは増改築であること |
| ⑦ | 平成二四年一月一日から平成二六年一二月三一日までにした金銭での贈与であること |
| ⑧ | この特例の適用を受ける旨の贈与税の申告書と一定の添付書類を提出すること |

非課税となる金額は、住宅の種類と贈与を受けた年分によって、次のようになっている。

| 住宅の種類＼贈与年分 | 平成二四年 | 平成二五年 | 平成二六年 |
| --- | --- | --- | --- |
| 省エネ等住宅 | 一五〇〇万円 | 一二〇〇万円 | 一〇〇〇万円 |
| 右記以外 | 一〇〇〇万円 | 七〇〇万円 | 五〇〇万円 |

ちなみにこの規定は、通常の贈与又は相続時精算課税制度の贈与のいずれかと併用して適用することができるので、たとえば、平成二五年に親から子へ二〇〇〇万円の金銭を贈与して、省エネ等住宅等を取得して、この規定と通常の贈与を受けるということであれば、二〇〇〇万円から一三一〇万円（この規定の非課税金額一二〇〇万円（平成二五年度）と通常の贈与の非課税金額一一〇万円との合計額）を控除した六九〇万円に対して贈与税が課税されることとなる。

なお、この特例は、贈与者が死亡した場合でも、非課税とされた部分の金額は、相続時精算課税制度又は通常の贈与のどちらを選択していた場合であっても相続税の対象にならないというメリットがあるので、活用できるようであれば活用するとよい制度である。

## ❖教育資金の贈与は非課税に!?

これまで、教育資金の贈与には非課税枠がなかったが、平成二五年度の税制改正で、父母又は祖父母等が子や孫等（いずれも三〇歳未満に限る）に対して教育費として一括贈与した資金につき、一五〇〇万円（学校等以外の者に支払われるものは五〇〇万円）を限度として贈与税を非課税とする制度が創設された。要件と概要は、次のとおり。

【要件】

| | |
|---|---|
| ① | 直系尊属から子又は孫等への贈与で、平成二五年四月一日から平成二七年一二月三一日までの間に行われるものであること |
| ② | 信託受益権又は金銭又は有価証券の一括贈与で金融機関の口座で管理されるものであること |
| ③ | 教育資金管理契約に基づくものであること |
| ④ | 受贈者は贈与を受ける日までに「教育資金非課税申告書」を金融機関経由で、受贈者の納税地の所轄税務署長に提出すること |
| ⑤ | 受贈者が教育費として支払った領収書等を金融機関に提出して、それを金融機関が確認し、記録、保存すること |
| ⑥ | 領収書は、支払日、金額、支払者所在地、摘要（教育費の内容）が明らかにされているものであること |

【概要】

| | |
|---|---|
| ① | 祖父母だけでなく、直系尊属（父母、曾祖父母等）からの贈与が対象になる。養父母は対象になるが、配偶者の直系尊属や叔父・叔母、兄弟は対象にならない。 |
| ② | 口座は、受贈者が三〇歳になった日に締められ、残額がある場合は、その残額をその日に贈与したものとして贈与税が課せられる。また、受贈者が三〇歳になる前に死亡した場合は、その口座の残額には贈与税は課せられない。 |

| | |
|---|---|
| ③ | 学校等には次のものが含まれる。<br>・幼稚園、小学校、中学校、高等学校、中等教育学校、特別支援学校<br>・大学、大学院<br>・高等専門学校<br>・専修学校、各種学校<br>・保育所、障害者通所支援事業が行われる施設、家庭的保育事業が行われる施設市町村が認定する児童保育事業、認定こども園<br>・外国にある日本の学校に相当する学校<br>・インターナショナルスクール等外国の施設のうち一定のもの<br>・水産大学校、海技大学校、海上技術短期大学校、海上技術学校、航空大学校、国立看護大学校<br>・職業能力開発総合大学校、職業訓練法人が設置する職業能力開発大学校・職業能力開発短期学校・職業能力開発校・職業能力開発促進センター、障害者職業能力開発校 |
| ④ | 対象となる教育費には、入学金、授業料、入園料、保育料、施設設備費、教育充実費、修学旅行、遠足費などで、学校等からの領収書があるもの（保育所の保育料で市町村の領収書があるものを含む）が該当し、このうち、学校等に支払ったものが一五〇〇万円の非課税枠の対象になる。業者などに支払ったもの（教科書代や学用品費、修学旅行費、学校給食費など）は対象にならないが、学校の教育に必要な費用で学生等の全部又は大部分が支払うべきものと学校等が認めたものは、五〇〇万円までの非課税の対象になる。 |
| ⑤ | 五〇〇万円までの非課税の対象には、右記④の他、次のような費用が該当する。<br>・塾や習い事など学校等以外の者に支払われる月謝、謝礼、入会金などの費用や施設利用料<br>・塾や習い事で使用する物品の費用で指導を行う者を通じて購入するもの（個人で購入したものは対象外） |
| ⑥ | 塾や習い事の費用等は五〇〇万円を上限に教育費に含められ、これを合わせて総額一五〇〇万円までが非課税となる。 |

## ❖贈与税のかかる財産とは？

贈与税は、本来の贈与財産以外に次のような財産にも課税される。この財産をみなし贈与財産という。

① 本来の贈与財産

本来の贈与財産には、金銭に見積もることのできる経済的価値のあるすべてのものが該当する（具体的には、P39 **第2章「相続税の対象になる財産って？」**の相続税の本来の財産を参照）。

② みなし贈与財産

また、次のような経済的利益についても、実質的に本来の贈与と変わらないことから、贈与税ではみなし贈与財産として贈与税の課税対象とされている。

（イ）保険金受取人以外の者が保険料を負担していた生命保険金、損害保険金

生命保険契約の保険事故又は損害保険契約の保険事故の発生により保険金を受け取った者が、その契約にかかる保険料の全部又は一部を負担していない場合には、その保険事故が発生した時に、その保険金のうち保険金受取人以外の者が負担した保険料の金額に対応する部分は、相続税が課されるものを除き、保険料を負担した者から贈与によって取得したものとみなされる。

（ロ）定期金受取人以外の者が掛金を負担していた定期金に関する権利

定期金給付契約（（イ）を除く）の定期金給付事由が発生した場合において、その掛金の全部又は一部を定期金受取人以外の者が負担していた場合は、その定期金受取人が、

その定期金給付事由が発生した時に、その定期金給付契約に関する権利のうち定期金受取人以外の者が負担した掛金に対応する部分の金額は、掛金を負担した者から贈与により取得したものとみなされる。

（ハ）著しく低い対価で譲り受けた財産

財産の譲渡をする場合に、著しく低い価額で取引をしたときは、著しく低い対価で財産を譲り受けた者は、その財産を譲り受けた時に、その対価と財産の時価との差額に相当する金額を、その財産を譲渡した者から贈与によって取得したものとみなされる。

（ニ）債務免除による利益

対価を支払わないで、又は著しく低い価額の対価で債務の免除、引受け又は第三者のためにする債務の弁済による利益を受けた場合には、これらの行為があった時に、その利益を受けた者が、その債務の免除、引受け又は弁済にかかる債務の金額に相当する金額を、免除等をした者から贈与によって取得したものとみなされる。

（ホ）金銭の貸与等

親族間等で金銭の貸与があった場合において、次のような事実があるときは贈与があったものとして取り扱われる。

a　貸与等を受けた者に返済資力がない場合、又は資力が十分あり貸与を受ける必要がないにもかかわらず貸与を受けた場合

b　一応は貸借であっても、返済期限の定めがない場合、又はいわゆる出世払いとしている場合、ある時払いの催促なしというような場合など、その返済が行われる可能性

が極めて低く、実質的には贈与と変わらない場合

c　第三者からの貸借で、その債務者に資力又は返済能力がないために、実質的には保証人となった親族等がその借入金を返済しているような場合

（へ）同族会社に対する財産の無償提供等で株価が上昇した場合

同族会社の株式等の価額が、次の事由により増加した場合には、その株主が、その株式等の価額のうち増加した部分に相当する金額を、次のそれぞれに掲げる者から贈与により取得したものとみなされる。

a　会社に対して無償で財産の提供があった場合はその財産を提供した者

b　時価より著しく低い価額で現物出資があった場合はその現物出資をした者

c　対価を受けないで会社の債務の免除、引受け又は弁済があった場合はその債務の免除、引受け又は弁済をした者

d　会社に対して時価より著しく低い価額の対価で財産の譲渡をした場合はその財産を譲渡した者

## ❖贈与税のかからない財産もある!?

贈与税は、すべての財産に課せられるわけではなく、次のような財産は対象にならない。

①　法人からの贈与財産

法人から贈与を受けた財産は、贈与税の対象ではなく、所得税の対象になる

② 生活費等
扶養義務者相互間で、生活費又は教育費に充てるため贈与した財産のうち、通常必要と認められる範囲のもの

③ 心身障害者共済制度に基づく給付金の受給権
条例の規定により、地方公共団体が、精神又は身体に障害がある者に関し実施する共済制度で一定の定めに基づいて支給される給付金を受ける権利（詳しくはＰ91参照）

④ 香典など
個人から受ける香典、花輪代、年末年始の贈答、祝物又は見舞い等のための金品のうち、社会通念上相当と認められるもの

⑤ 相続の年に被相続人から贈与を受けた財産
相続があった年における被相続人からの贈与（相続税の対象となる。ただし、配偶者控除の対象となる贈与財産（詳しくはＰ90参照）や相続を放棄した者など相続税が課税されない者に対する贈与は除かれる）

⑥ 特定障害者の信託受益権
特定障害者の信託受給権の価額のうち六〇〇〇万円（又は三〇〇〇万円）までの金額（詳しくはＰ93参照）

## ❖贈与税のかからない贈与もある!?

財産をもらったら贈与税がかかる。これはいわば当たり前のことだが、贈与税のかからない贈与も実はある。法人からの贈与がそれだ。

それはいい、是非やろうと思われるかもしれないが、法人からの贈与には、業務に関するものや継続的に貰うものを除き、一時所得として所得税がかかることとなっている。一時所得は、次の算式で求めることとなっているが、場合によっては贈与税より有利になることもあるので、一度検討してみる価値はある。

> 一時所得 ＝｛(総収入金額) － (その収入を得るために支出した金額) － 特別控除額 50万円｝

## ❖こんな場合にも贈与税がかかる!?

贈与とは、当事者の一方が自己の財産を無償で相手方に与える意思表示をし、相手方がこれを受託することによって成立する契約のことをいうが、次のような場合も贈与として取り扱われることとされている。

① 不動産や株式等の名義変更があった場合において対価の授受がなされていないとき

② 他人名義で不動産や株式を取得した場合

また、次のような場合には、外見的な形式ではなく、その実質に従って判断されることとなる。

③ 親名義の不動産や株式などを子供に贈与したが、形式的には親子間の売買として名義変更した場合

④ 親が新たに不動産や株式などを他の者から取得し、これを子供に贈与した場合において、登記上、子供が直接売買により取得した形式をとっているとき

⑤ 妻又は子供が不動産や株式などを直接他の者から取得し、自分の財産としたときにおいて、その買入資金が夫又は親から出ている場合

## ❖国外財産の贈与はこうなった

贈与税では、これまで、国外財産は次のように取り扱われ、一定の要件をクリアすれば贈与税がかからなかった。

① 受贈者が日本国籍を有していなければ、国外財産は贈与税の対象にならない

② 受贈者が日本国籍を有していても、贈与者とともに相続開始前五年以内に国内に住所を有していなければ、国外財産は贈与税の対象にならない

しかしながら、子供などを海外に住まわせ、外国籍を取得させ、国外の財産を贈与すると贈与税が課税されないということもあって、平成二五年度の税制改正では、次のように改正されることとなった。

①　受贈者が日本国籍を有しておらず、贈与者とともに住所が国外にある場合は、国外財産は贈与税の対象にならない

②　受贈者が日本国籍を有していても、贈与者とともに贈与開始前五年以内に国内に住所を有していなければ、国外財産は贈与税の対象にならない

平成二五年四月一日以後の贈与からは、受贈者の国籍が国外であっても贈与者の住所が日本であるときは、国内だけでなくすべての財産に対して贈与税がかかることになるので注意が必要だ。

【贈与税の納税義務者と課税財産の範囲（改正後（平成25年４月１日以後））】

<table>
<tr><th colspan="2" rowspan="3">受贈者 / 贈与者</th><th rowspan="3">住所が日本</th><th colspan="3">住所が国外</th></tr>
<tr><th colspan="2">国籍が日本</th><th rowspan="2">国籍が国外（注）</th></tr>
<tr><th>贈与前５年以内の住所が日本</th><th>贈与前５年以内の住所が国外</th></tr>
<tr><td colspan="2">住所が日本</td><td>国外財産は課税対象になる</td><td>国外財産は課税対象になる</td><td>国外財産は課税対象になる</td><td>国外財産は課税対象になる</td></tr>
<tr><td rowspan="2">住所が国外</td><td>贈与前５年以内の住所が日本</td><td>国外財産は課税対象になる</td><td>国外財産は課税対象になる</td><td>国外財産は課税対象になる</td><td>国外財産は課税対象外</td></tr>
<tr><td>贈与前５年以内の住所が国外</td><td>国外財産は課税対象になる</td><td>国外財産は課税対象になる</td><td>国外財産は課税対象外</td><td>国外財産は課税対象外</td></tr>
</table>

（注）国籍が国外のほかに日本にもあるという、いわゆる二重国籍者は国籍が日本として取り扱われる。

## ❖相続開始の年にする配偶者への贈与はトク!?

相続税では、相続人が被相続人から贈与を受けた財産で、被相続人の相続開始前三年以内のものは、相続税の課税価格に算入することとなっている（P49 **第2章「相続開始前三年以内の贈与には相続税が!?」**参照）が、相続開始の年に配偶者が被相続人から贈与により取得した居住用不動産又はその取得資金のうち一定の金額（最高二〇〇〇万円）は、例外的に相続税の計算に含めなくてよいこととなっている。

つまり、贈与税の配偶者控除の適用を受けようとして居住用不動産又はその取得資金の贈与をしたが、その年に相続が起こってしまったという場合には、相続税の課税価格に算入せず、贈与税の配偶者控除の適用が受けられるということである。贈与税の配偶者控除の適用を受けられるようであれば、是非検討してみるとよい。

ただし、この適用を受けるには、贈与税の配偶者控除の適用を受ける旨の申告書を提出しなければならないので、忘れずにしていただきたい。

## ❖相続開始前三年以内の贈与にも贈与税がかかる!?

**第2章**で相続開始前三年以内にした贈与は、いったんその財産を相続財産に加算して相続税額を計算して、納めた贈与税がある場合は、その税額相当額を控除して納める相続税額を計算すると説明した。

しかし、必ずしもすべてがすべて相続財産に加算されるわけではない。この対象となるのは、相続又は遺贈（死因贈与を含む）により財産を取得した者が、その相続に係る被相続人から相続開始前三年以内に贈与により財産を取得した場合であるから、それ以外の者については、相続財産に加算することなく贈与税の申告をすることになる。

すなわち、相続人でも、相続で財産をもらわなかった者については、相続開始前三年以内の贈与でも相続財産に加算することなく、贈与税の申告をして終わりになるのである。こんな贈与もアリかもしれない。

## ❖特定障害者に対する贈与はこうなった

贈与税では、障害者に対して、心身障害者共済制度に基づく給付金受給権（P85**「贈与税のかからない財産もある!?」**参照）のほか、特定障害者に対する信託受益権について非課税措置を設けている。概要は、次のとおり。

特定障害者に対する信託受給権の非課税制度とは、特定障害者を受益者とする特定障害者扶養信託契約で、次の要件を備えたものに基づき、金銭、有価証券、金銭債権その他の財産が信託されたときは、その信託受益権の価額のうち六〇〇〇万円（特定障害者のうち特別障害者に該当する者が対象）までの金額は贈与税がかからないというものである。

【要件】

| | |
|---|---|
| ① | 特定障害者のうち精神又は身体に重度の障害がある者で一定の者（特別障害者）が、信託受益権の全部の受益者となっていること |
| ② | 信託財産が、金銭、有価証券、金銭債権、その特定障害者の居住の用に供する不動産その他一定のものであること |
| ③ | 受託者は、信託会社又は信託業務を行う銀行であること |
| ④ | 信託期間は、特定障害者の死亡の日（改正前は死亡の日後六か月を経過する日）に終了するものであること |
| ⑤ | 信託契約は、取消し又は解除することができず、かつ、その信託期間及び受益者の変更ができないものであること |
| ⑥ | 信託の収益は、特定障害者の生活又は療養の費用に充てるため、定期的に、かつ、実際の必要に応じて適切に分配されるものであること |
| ⑦ | 信託財産の運用は、安定した収益の確保を目的として適正に行うこととされているものであること |
| ⑧ | 信託受益権は、譲渡に係る契約を締結し又は担保に供することができない旨の定めがあること |
| ⑨ | 贈与税の非課税の規定の適用を受ける旨、その他必要な事項を記載した「障害者非課税信託申告書」を所轄税務署長に提出すること |

平成二五年度の税制改正では、その対象がこれまでの特別障害者に加えて、特別障害者以外の特定障害者についても、一定の非課税措置が設けられた。この改正は、平成二五年四月一日以後の贈与から適用される。

【新たに追加された適用対象者（特定障害者）と非課税限度額】

| | |
|---|---|
| 適用対象者 | 児童相談所、知的障害者更生相談所、精神保健福祉センター又は精神保健指定医の判定により中軽度の知的障害者とされた者及び精神障害者保健福祉手帳に障害等級が二級又は三級である者と記載されている精神障害者 |
| 非課税限度額 | 三〇〇〇万円 |

## ❖法人への贈与にも贈与税がかかる!?

法人に贈与したら贈与税がかかるの？　時々聞かれることだが、法人への贈与は、原則として、贈与税がかからない。その代わりに法人税が課せられることとなっており、贈与した個人では、譲渡所得税がかかる（譲渡所得税の対象になる資産の場合）ことになっている。

ただし、一定の法人については、個人とみなして贈与税が課せられることもある。まとめると、次のようになっている。

① 受贈者の課税

| | |
|---|---|
| 一般法人 | 益金に算入されて法人税の課税対象に |
| 人格のない社団又は財団 | 個人とみなして贈与税の対象に |
| 持分の定めのない法人 | 贈与により特定の者の贈与税が不当に軽減されると認められる場合は、個人とみなして贈与税の対象に |

（注）公益事業者に対して公益事業用財産を贈与する場合は非課税

② 贈与者の課税

| | |
|---|---|
| 個人から一般法人 | みなし譲渡所得課税<br>贈与により株価が上がる場合は株主に対して贈与税課税 |
| 個人から人格のない社団又は財団 | みなし譲渡所得課税 |
| 個人から持分の定めのない法人 | みなし譲渡所得課税<br>国税庁長官の承認を受けた場合は非課税 |

## ❖贈与があった時はいつ？

贈与がいつあったかということは、財産の評価額や申告期限にも影響を及ぼすことから、非常に重要なことであるが、これについては、次のように取り扱われることとされている。

| | |
|---|---|
| ① | 書面によるものは、その贈与契約の効力の発生の時（受贈者が財産を受け取り、自己のものとして管理運用した時） |
| ② | 書面によらないものは、その贈与の履行のあった時（受贈者に贈与財産を引き渡した時）。ただし、停止条件が付いているものについては、その条件が成就した時 |
| ③ | 農地などの場合は、農地法の許可又は届出の効力の生じた日後に贈与があったと認められるものを除き、その許可のあった日又は届出の効力のあった日 |
| ④ | 所有権の移転の登記又は登録の目的となる財産で、贈与の日が明確でないものについては、特に反証のない限り、その登記又は登録があった時 |

なお、不動産や株式等の名義変更がなされた場合や他人名義で新たに不動産や株式等を取得した場合において、対価の授受が行われていないときは、原則として贈与があったものとして取り扱われることとされている。

## ❖負担付贈与はトク!?

負担付贈与とは、受贈者に一定の債務を負担させることを条件にする贈与をいい、個人から負担付贈与を受けた場合は、贈与財産の価額からその負担額を控除した価額に対して贈与税が課税されることとなっている。

したがって、たとえば、親が一〇〇〇万円の上場株に借金五〇〇万円を付けて、子供に贈与するという場合には、差額の五〇〇万円が贈与税の対象になるのである。この場合の財産の評価額は、相続税評価額によることとなっている。

そうなると、じゃあ、不動産に借金を付けて贈与すれば、タダで贈与できるじゃん、と思われるかもしれないが、贈与された財産が土地や借地権などである場合及び家屋や構築物などである場合には、その贈与の時における通常の取引価額に相当する金額から負担額を控除した価額によることとなっているので、なんらうまみがない（借金して不動産を購入するのと同じ）。

ちなみに、負担付贈与の負担額が第三者の利益に帰するときは、第三者が負担額に相当する金額を贈与により取得したとして取り扱われる。

## ❖生前贈与と死因贈与、どう違う?

贈与というのは、当事者の一方が自己の財産を無償で相手方に与える意思表示をし、相手方がこれを受託することによって成立する契約をいい、贈与者が生前に行うものである。

これに対し、死因贈与とは、贈与契約は生前に行われるが、「私が死んだら、あなたに○○をあげましょう」という内容のもので、贈与者の死亡を原因とする条件付贈与契約である。

生前贈与は取消しができないのに対し、死因贈与は遺言でその契約を取り消すことができる。

相続税では、生前贈与には贈与税が課される(相続開始前三年以内の贈与や相続時精算課税制度の適用を受けた一定の贈与は相続税の対象になる)が、死因贈与は遺贈と同様に取り扱われ、相続税が課される。課税対象となる財産の評価は、贈与についてはその贈与時の価額となるが、死因贈与は贈与時の価額ではなく、その贈与者の死亡時の価額によることとなる。

## ❖遺贈と死因贈与、どう違う?

遺贈とは、遺言で財産をあげることで、死因贈与とは、死亡を原因として財産をあげるという契約である。どちらも財産を無償であげるもので、かつ、贈与者の死亡によって効力が生じるという点では似ているが、遺贈は贈与者の単独行為で一方的な意思表示であるのに対し、死因贈与は贈与者と受贈者とで交わした贈与契約であるという点で相違がある。

これらの両者、法律的には全く別物であるが、内容的には非常に似ていることもあって、民法では、死因贈与は遺贈の規定に準じて取り扱うこととなっている。そしてまた、相続税の取扱いも同様に取り扱われることとなっている。

| | 遺　贈 | 死因贈与 |
|---|---|---|
| ① | 遺言で行う一方的な財産の無償譲渡である | 当事者間で行う贈与契約である |
| ② | 遺贈の放棄はできる | 財産を放棄することはできない |
| ③ | 内容はわからない | 贈与財産が明確である |
| ④ | 遺言が無視されることもある | 引渡しが確実である |
| ⑤ | 遺言の撤回は新しい遺言を書かないとできない | 遺言で撤回ができる |

## ❖贈与税の申告と納付は？

贈与税の申告書は、贈与年の翌年二月一日から三月一五日までの間に納税地を所轄する税務署長に提出しなければならないこととなっている。そして、贈与税の申告書を提出した者は、贈与税の申告期限までに、その申告書に記載した贈与税額を金銭で納付しなければならない。

ただし、贈与税額が一〇万円超で、金銭納付が困難である場合には、次の要件を満たすことによって、最長五年まで延納することが認められている。

【延納の要件】

| | |
|---|---|
| ① | 担保を提供すること（延納税額が五〇万円未満で、かつ、延納期間が三年以下の場合は除く） |
| ② | 贈与税の納付期限までに延納申請書を提出すること |

# 第４章

# 「新相続時精算課税制度」をくわしく知る

## ❖相続時精算課税制度はこうなった

### (1) 相続時精算課税制度の改正

「相続時精算課税制度」とは、一定の直系親族間贈与に認められた贈与の特例である。

相続時精算課税制度には、贈与財産を特定しない一般の相続時精算課税制度（以下、「一般型」という）と、使途を住宅取得等資金に限定した住宅取得等資金に係る相続時精算課税制度（以下、「住宅型」という）がある。

今回の改正では、次のように一般型の適用要件が緩和され、さらには、一般型と同じ内容の孫型が創設され、一層活用しやすいものとなった。この改正は、平成二七年一月一日以後の贈与に適用される。

【一般型】（要件の緩和）

| | |
|---|---|
| 贈与者の年齢 | 六五歳以上の親から六〇歳以上の親に要件が緩和された |

【孫型】（創設）

| | |
|---|---|
| 贈与者の年齢 | 六〇歳以上の祖父母 |
| 受贈者の範囲 | 二〇歳以上の孫 |

なお、孫型は一般型と内容が同じであることから、本書ではこの項以外は、孫型を一般型に含めて記載している。

## (2) 相続時精算課税制度の概要

相続時精算課税制度の適用を受けた贈与財産は、通常の贈与とは違い、贈与者の相続時に相続財産として、相続税の対象に含めることとなっている。

その場合の評価額は、相続時の評価額ではなく、贈与時の評価額で計算することとなっており、その贈与時に納めた贈与税額があるときは、これを相続税額から控除して精算することとなっている。

① 一般型

一般型は、六〇歳以上の親、祖父母(現行六五歳以上の親)から二〇歳以上の直系卑属の推定相続人及び孫(現行は直系卑属である推定相続人)への贈与を対象とする制度で、二五〇〇万円までの贈与には贈与税がかからず、それを超える部分の金額に対して一律二〇%の税率で贈与税がかかるというものである。

六〇歳以上の親、祖父母 →(贈与) 二〇歳以上の直系卑属の推定相続人、孫

- 二五〇〇万円までは贈与税が非課税(特別控除)
- 二五〇〇万円を超える部分には一律二〇%の贈与税
- 贈与財産はなんでもよい
- 贈与は、何回にわたっても、また、数年にわたっても適用可
- 贈与財産は、親の相続時にその贈与時の評価額で相続財産に加算
- 納めた贈与税相当額は相続税額から控除(又は還付)

(注1) 年齢は、贈与のあった年の一月一日現在で判定する。
(注2) 養子縁組した子や孫にも適用あり。

(例) 父から子へ3,000万円贈与した場合

〔贈与時〕

| 2,500万円の特別控除 | 課税対象500万円 |
|---|---|

[贈与税の計算]
(3,000万円《贈与額》−2,500万円《特別控除》)×20%=100万円(A)

贈与財産3,000万円を加算

〔相続時〕

| 相続財産 | |
|---|---|
| 贈与財産3,000万円 | 相続した財産 |

[相続税の計算]
相続時精算課税適用者：相続税額−(A)=納める相続税額(又は還付)
上記以外の相続人　　：相続税額=納める相続税額

② 住宅型

一般型は、財産の種類や資金使途を問わない贈与であるが、資金使途を住宅の取得や増改築に限定した贈与にも相続時精算課税制度がある。これを、「住宅取得等資金に係る相続時精算

課税制度（住宅型）」という。

この制度は、親（年齢制限なし）から満二〇歳以上の直系卑属の推定相続人へ自宅の取得資金を贈与する場合に認められる制度で、二五〇〇万円までは贈与税がかからず、それを超える部分の金額に対して、一律二〇％の税率で贈与税が課税されるというものである。

(イ) 制度の概要

親 ━贈与━▶ 二〇歳以上の直系卑属の推定相続人

・二五〇〇万円までは贈与税が非課税（特別控除）
・二五〇〇万円を超える部分には一律二〇％の贈与税
・住宅の取得等に充てるための金銭に限られる
・贈与は、何回にわたっても、また数年にわたっても適用可
・贈与財産は、親の相続時にその贈与時の評価額で相続財産に加算
・納めた贈与税相当額は相続税額から控除（又は還付）

（注1）年齢は、贈与のあった年の一月一日現在で判定する。
（注2）養子縁組した子にも適用あり。

（例）母から子へ住宅取得等資金3,000万円贈与した場合

〔贈与時〕

| 2,500万円の特別控除 | 課税対象 500万円 |
| --- | --- |

〔贈与税の計算〕
（3,000万円《贈与額》−2,500万円《特別控除》）×20%＝100万円（A）

贈与財産3,000万円を加算

〔相続時〕

| 相続財産 | |
| --- | --- |
| 贈与財産 3,000万円 | 相続した財産 |

〔相続税の計算〕
相続時精算課税適用者：相続税額−（A）＝納める相続税額（又は還付）
上記以外の相続人　　：相続税額＝納める相続税額

（ロ）制度の対象となる住宅取得等資金

この制度は、次の要件を満たす住宅を取得するための資金及び増改築するための資金を贈与する場合に限り、適用が認められる。

したがって、これらに使われない資金の贈与であったり、これらの要件に合致しない住宅を取得等するための贈与である場合には、この制度の適用が受けられず、通常の贈与扱いになってし

まい、高額な贈与税を納めなければならないこともあるので注意が必要である。

| | |
|---|---|
| ① 取得、建築する場合 | イ 新築又は築後経過年数が二〇年以内（一定の耐火建築物である場合は二五年以内）であること<br>ロ 家屋の床面積（区分所有の場合は、その区分所有する部分の床面積）が五〇㎡以上であること<br>ハ その家屋の床面積の二分の一以上がもっぱら居住の用に供されていること<br>ニ 建物等の所在が日本であること<br>ホ その他、一定の要件を満たすもの |
| ② 増改築の場合 | イ 工事費用が、一〇〇万円以上であること<br>ロ 増改築後の家屋の床面積（区分所有の場合は、その区分所有する部分の床面積）が五〇㎡以上であること<br>ハ その他、一定の要件を満たすもの |
| ③ 土地部分の取扱い | ①と②とともにする土地又は借地権等の取得も対象となる<br>また、土地等の先行取得にも適用がある |

また、受贈者は、贈与を受けた年の翌年三月一五日までに住宅等を取得等し、同日までに居住の用に供する（遅滞なく居住の用に供することが確実であると見込まれる場合を含む）ことがこの適用を受けるための条件なので、この点にも注意が必要である。

## ❖新相続時精算課税制度のしくみ

①　一般型

一般型は、六〇歳以上の親、祖父母（現行は六五歳以上の親）から二〇歳以上の直系卑属である推定相続人及び孫（現行は直系卑属である推定相続人）への贈与について認められた贈与の特例で、二五〇〇万円までの贈与は非課税、それを超える部分の金額に対しては、一律二〇％の税率で贈与税がかかるというものだが、その贈与した財産の価額は、相続時に相続財産として持戻し（加算）をして相続税を計算し、その際に納めた贈与税額があるときは、これを精算（相続税額から控除）して課税するというものである。

この制度を活用すると、二五〇〇万円までの贈与については贈与税がかからず、また、二五〇〇万円を超える部分があっても、二〇％という低い税率（通常の贈与は五五％（現行は五〇％））で計算した税額を納めるだけで済むので、大きな財産を生前贈与することができる。

また、この制度は、父、母、祖父、祖母ごとに、また子、孫ごとに適用選択ができることとなっている。たとえば、父親から長男には適用するが母親からは適用しないとすることもできるし、兄弟のうち一人だけに適用することもできるというように、個別に選択適用することもできるので、いろいろな組み合わせをすることができる。

ただしこの制度は、一度選択すると二度と取消しはできないので、選択をする際は慎重にしなければならない。

（例１）子が父母から財産の贈与を受けた場合

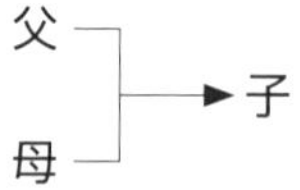


子は、父母からのそれぞれの贈与について、この制度の適用を受けるかどうか選択することができる。いずれの贈与について選択することもできるし、片方だけ選択して、もう片方は選択しないこともできる。また、子が２人以上いるときは、それぞれの子について選択することができる。祖父母から孫への贈与についても同様である。

（例２）長男、次男が父から財産の贈与を受けた場合

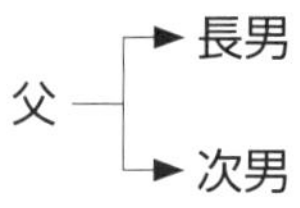


長男、次男はそれぞれ、父からの贈与について、この制度の適用を受けるかどうかを選択することができる。長男も次男も選択することができるし、長男は選択するが、次男は選択しないとすることもできる。また、母や祖父母からも財産の贈与を受けた場合にも、長男、次男はそれぞれ適用するかどうか選択することができる。

② 住宅型

住宅型とは、親（年齢制限なし）から二〇歳以上の直系卑属である推定相続人に対して、自宅の取得等の対価に充てるための金銭を贈与する場合に認められる贈与の特例で、二五〇〇万円までの贈与は非課税、それを超える部分の金額に対しては、一律二〇％の税率で贈与税がかかるというものである。その贈与した財産の価額は、相続時に相続財産として持戻し（加算）をして相続税を計算し、その際に納めた贈与税額があるときは、これを精算（相続税額から控除）して課税するというものである。

なお、この制度の適用は、平成一六年一二月三一日までの期間に限定されている。

③ 受贈者・贈与者要件

受贈者がこの特例を受けるには、次の居住要件を満たしていなければならない。

| |
|---|
| 住宅取得等資金を取得した時に日本に住所を有している |
| 住宅取得等資金を取得した時に日本に住所はないが日本国籍を有している<br>(受贈者又は贈与者が贈与の日前五年以内に日本に住所を有したことがある場合に限る) |

④ 適用要件

この規定を受けるためには、次の手続が必要である。

（イ）選択届出書の提出

この制度の適用を受けようとする受贈者は、その選択をしようとする最初の贈与を受けた年の翌年二月一日から三月一五日までの間に、納税地の所轄税務署長に対して、「相続時精算課税選択届出書」を提出しなければならない。

相続時精算課税選択届出書を提出をしなかった場合には、適用が受けられないので注意が必要である。

（ロ）贈与税の申告書の提出

この制度適用の贈与を受ける場合には、たとえその年の贈与税額がゼロであっても、贈与税の（期限内）申告書を提出しなければならない。

ただし、相続開始の年の贈与については、贈与税の申告書を提出しなくてよい。

選択届出書の届出もなく、また、申告書の提出もない場合は、通常の贈与があったものとして贈与税が課税されることとなり、この場合には無申告加算税や延滞税も課税されるので注意が必要である。

なお、納めるべき贈与税額がある場合は、贈与税の申告期限までに贈与税額を国に納めなければならない。

## ❖一般型と住宅型はこう違う

一般型と住宅型は、大枠では同じだが若干の違いがある。これをまとめると、次のようになっている。

| | 贈与財産 | 資金使途等 | 贈与者 | 受贈者 | 特別控除 |
|---|---|---|---|---|---|
| 一般型の場合 | 制限なし | 制限なし | 六〇歳（現行六五歳）以上 | 二〇歳以上の直系卑属である推定相続人・孫（現行は直系卑属の推定相続人） | 二五〇〇万円 |
| 住宅型の場合 | 金銭 | 自宅取得資金又は自宅の増改築資金、原則として贈与年の翌年三月一五日までに取得・居住すること | 年齢制限なし | 二〇歳以上の直系卑属である推定相続人 | 二五〇〇万円 |

## Step2 相続税額の計算

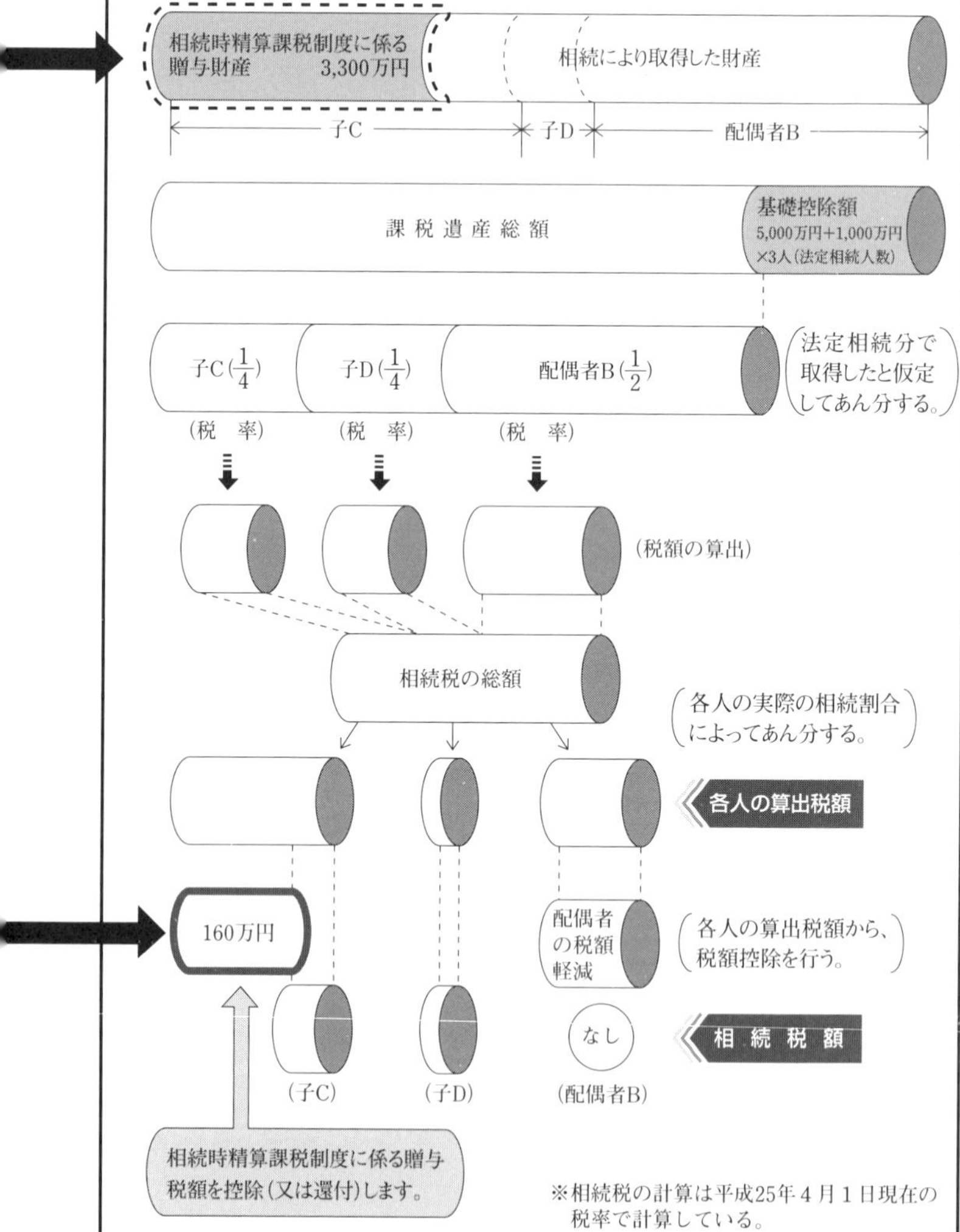
相続時精算課税制度に係る贈与財産 3,300万円
相続により取得した財産
子C
子D
配偶者B
課税遺産総額
基礎控除額
5,000万円+1,000万円×3人(法定相続人数)
子C($\frac{1}{4}$)
子D($\frac{1}{4}$)
配偶者B($\frac{1}{2}$)
(法定相続分で取得したと仮定してあん分する。)
(税　率)
(税　率)
(税　率)
(税額の算出)
相続税の総額
(各人の実際の相続割合によってあん分する。)
各人の算出税額
160万円
配偶者の税額軽減
(各人の算出税額から、税額控除を行う。)
なし
相続税額
(子C)
(子D)
(配偶者B)
相続時精算課税制度に係る贈与税額を控除(又は還付)します。

※相続税の計算は平成25年4月1日現在の税率で計算している。

## 【相続時精算課税制度のしくみ】

**事 例** 子CはAからの贈与について相続時精算課税制度を選択し、2回の贈与を受けていた。

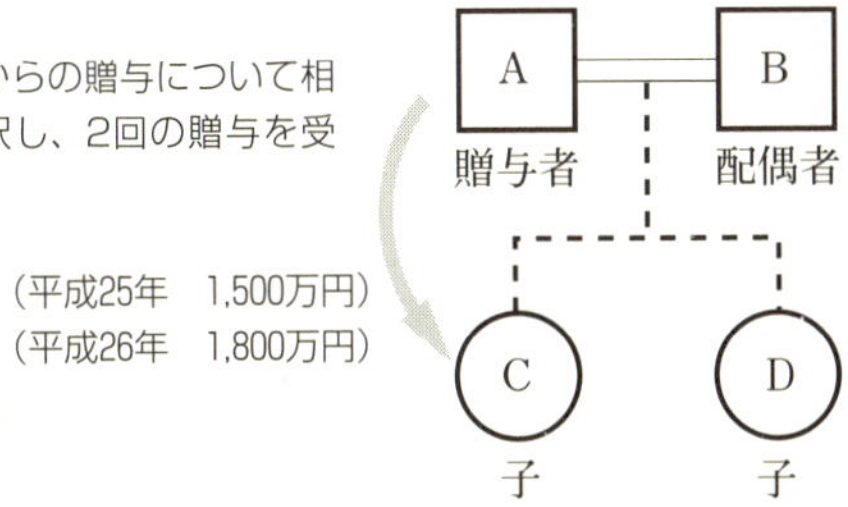

（平成25年　1,500万円）
（平成26年　1,800万円）
A
B
贈与者
配偶者
C
D
子
子


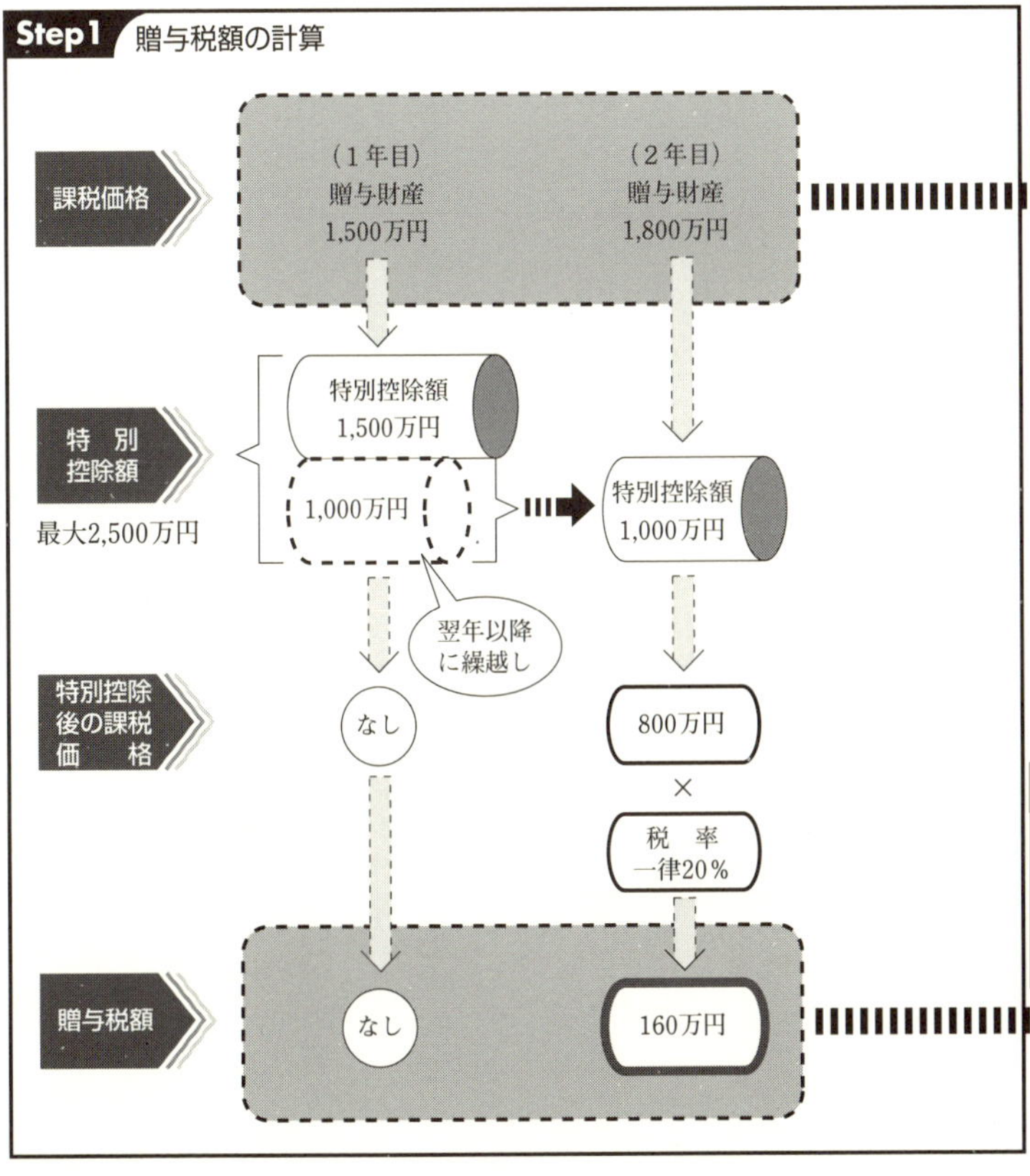

Step1
贈与税額の計算
課税価格
（１年目）
贈与財産
1,500万円
（２年目）
贈与財産
1,800万円
特　別
控除額
最大2,500万円
特別控除額
1,500万円
1,000万円
特別控除額
1,000万円
翌年以降
に繰越し
特別控除
後の課税
価　格
なし
800万円
×
税　率
一律20％
贈与税額
なし
160万円

## ❖特別控除枠の残額はどうなる?

① 住宅型の特別控除のうち使い残した特別控除

住宅型の特別控除のうち使い残した特別控除がある場合は、親の年齢に関係なく一般型の適用が受けられる。

また、住宅型の適用を受ける年に、住宅取得等資金以外の財産の贈与が、住宅取得等資金の贈与の前にあったとしても、その年に住宅型の適用を受けるときは、その住宅取得等資金以外の財産についても相続時精算課税制度の適用対象となってしまうので、注意しておきたい。

② 一般型と住宅型の特別控除の併用

相続時精算課税制度には、一般型と住宅型の二つがあるが、これらの制度を併用して使うことはできない。つまり、一般型と住宅型のそれぞれに、重複して二五〇〇万円の特別控除額が使えるわけではないので、その点に注意が必要である。

## ❖住宅型の要件を満たさなかったら？

住宅型は、一定の居住要件を満たさなかった場合には適用を受けられないが、居住の用に供することが確実であると見込まれるとして、この適用を受けた場合において、その翌年一二月三一日までに居住の用に供していないときには、同日から二か月以内に修正申告書を提出しなければならないこととなっている。

この場合には、贈与者の年齢によって、①通常の贈与になるのか、それとも②一般の相続時精算課税制度の贈与になるのか違ってくるが、通常の贈与に該当することとなった場合には、かなりの贈与税がかかってくるので、この点に十分注意しておかなければならない。

## ❖相続時精算課税を一度使うと…

一般型も住宅型も同じだが、いったんこの制度を使うと、この制度を適用した贈与者からの贈与は、一生、相続時精算課税制度を使わなければならない。

つまり、今年は相続時精算課税制度を使って贈与をし、来年は通常の贈与で贈与をするということはできないし、同じ年に同じ贈与者から相続時精算課税制度を使った贈与と通常の贈与を使うということもできない。

途中で元には戻せないので、選択に際してはよく検討して決めなければならない。

(例)

| |
|---|
| 平成二五年分　相続時精算課税制度を適用して二〇〇〇万円を贈与 |

↓

| |
|---|
| 平成二六年分　同じく相続時精算課税制度を適用して五〇〇万円を贈与 |

↓

| |
|---|
| 平成二七年分　一一〇万円を贈与→相続時精算課税制度の贈与として取り扱われる。この贈与だけを通常の贈与とすることはできない。 |

## ❖相続時精算課税制度の計算はこうなっている

相続時精算課税制度の適用を受ける場合の税額計算は、次のようにする。

①　一般型の場合

（その年中に受けた贈与でこの特例の適用を受ける財産の価額 ＋ 前年までにこの特例の適用を受けた財産の価額の合計額 － 特別控除額 2,500万円）× 20％ ＝ 贈与税額

この場合において、父親と母親の両方から贈与を受け、その両方にこの相続時精算課税制度の適用を受けるという場合には、父親からの贈与に対する贈与税額と、母親からの贈与に対する贈与税額とを合計したものが、納めるべき贈与税額となる。

（例）

・父親からの贈与4,000万円
・母親からの贈与3,500万円
イ　父親からの贈与4,000万円に対する贈与税額
　（4,000万円－2,500万円《特別控除額》）×20%＝300万円
ロ　母親からの贈与3,500万円に対する贈与税額
　（3,500万円－2,500万円《特別控除額》）×20%＝200万円
ハ　納めるべき贈与税額
　イ＋ロ＝500万円

なお、父親からの贈与には相続時精算課税制度の適用を受け、母親からの贈与には通常の贈与を受けるという場合は、納めるべき贈与税額を次のように計算する。

（例）
・父親からの贈与4,000万円
・母親から通常の贈与210万円
イ　父親からの贈与4,000万円に対する贈与税額
（4,000万円－2,500万円《特別控除額》）×20%＝300万円
ロ　母親からの贈与210万円に対する贈与税額
（210万円－110万円《贈与税の基礎控除》）×10%＝10万円
ハ　納めるべき贈与税額
イ＋ロ＝310万円

②　住宅型の場合

（その年中に受けた贈与で住宅型特例贈与の適用を受けた財産の価額 ＋ 前年までに住宅型特例贈与の適用を受けた財産の価額の合計額 － 2,500万円《特別控除額》）× 20% ＝ 贈与税額

なお、父親と母親の両方から受けた贈与に対して住宅型の適用を受ける場合や、片親だけの贈与に住宅型の適用を受けて、もう片親からの贈与には通常の贈与を受けるという場合は、①と同様に納めるべき贈与税額を計算することとなる。

## ❖養子にも適用がある!?

相続時精算課税制度は、養子縁組をした子にも適用がある。

したがって、養子となった子でも、年齢基準を満たしていれば、養父母からも実の親からもこの制度の適用を受けることができる。

年齢基準は、先にふれたようにその年の一月一日現在で判断するが、養子がこの制度の適用を受けるためには、贈与を受ける日より前に、養子と養親という関係になっていなければならないので注意が必要である。

つまり、養子縁組後で、かつ、年齢基準を満たす場合に適用があるのである。

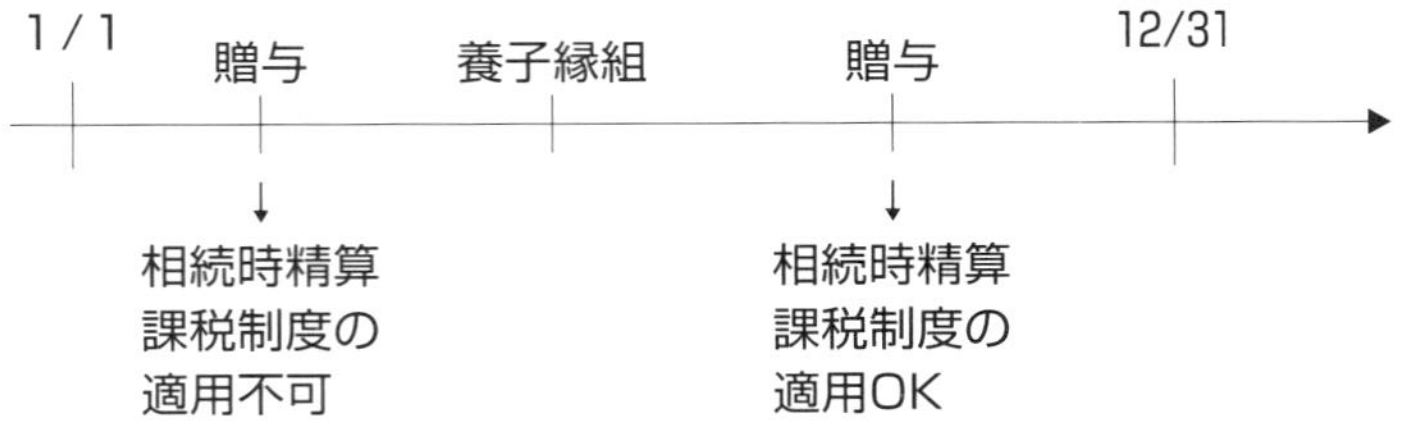


なお、適用は、養父、養母、また、実父、実母ごとに個別に選択適用することができる。

## ❖使い分けはどうする？

この制度は、一定の要件を満たす贈与者から満二〇歳以上の直系卑属である推定相続人や孫への贈与について適用される制度であるが、贈与者ごとに、また、受贈者ごとに選択適用できることとなっている。

したがって、たとえば、父から長男に対する贈与にはこの制度を適用し、次男には通常の贈与を適用するということもできるし、また、母からの贈与は長男、次男とも通常の贈与を適用するということもできる。

つまり、片親だけに適用することもできるし、両親共に適用を受けることもできるわけだが、両親から贈与を受ける場合には、それぞれについて特別控除が受けられるので、父からの分二五〇〇万円、母からの分二五〇〇万円の合わせて五〇〇〇万円まで特別控除を受けることができるのである。

通常の贈与のように、贈与でもらったものを全部合計して、そこから基礎控除額の一一〇万円を控除するというのとはちょっと違うので区別しておきたい。

## ❖通常の贈与とどう違う？

相続時精算課税制度の贈与と通常の贈与との相違点は次のようになっている。

| 項目 | 相続時精算課税制度の贈与 | 通常の贈与 |
|---|---|---|
| 贈与者 | 年齢制限あり | 制限なし |
| 受贈者 | 二〇歳以上の直系卑属である推定相続人・孫 | 制限なし |
| 受贈者の選択 | 個別選択できる | なし |
| 非課税枠 | 生涯二五〇〇万円（特別控除） | 年一一〇万円（基礎控除） |
| 税率 | 一律二〇％ | 一〇％から五五％までの超過累進税率 |
| 計算対象期間 | 届出後、相続開始まで | 暦年 |
| 申告義務 | 適用を受ける場合すべて | 基礎控除を超える場合 |
| 相続時に加算 | すべて加算 | 相続時開始前三年以内の贈与のみ加算 |
| 贈与税額の精算 | すべての贈与税が精算される。払いすぎた贈与税額は還付される | 相続時に加算された財産にかかる贈与税額のみ精算。還付はなし |

## ❖メリット・デメリットは？

相続時精算課税制度と通常の贈与のメリット・デメリットをまとめると、次のようになる。

| 相続時精算課税制度の贈与（一般枠） | 通常の贈与 |
| --- | --- |
| 贈与できる相手が限定されている | 贈与相手が限定されない |
| 年齢制限がある | 年齢制限がない |
| 生涯二五〇〇万円の特別控除がある | 毎年一一〇万円の基礎控除がある |
| 申告はすべて必要 | 基礎控除内の贈与は申告不要 |
| 税率は二〇% | 税率は贈与額によって異なる<br>贈与額が多くなると税率が高くなる |
| 配偶者に対する特例がない | 配偶者に対する特例がある |
| すべての財産が相続税の対象になる | 相続開始前三年以内の贈与財産だけが相続税の対象になる |
| 贈与財産は物納できない | 相続開始前三年以内の贈与財産は物納できる |
| 多額の贈与がしやすい | 多額の贈与は税額が高くなるのでしにくい |
| 相続税対策にはほとんどならない | やり方次第で相続税対策になる |
| いったん選択すると通常の贈与をすることができなくなる | ー |

## ❖相続時の取扱いは？

相続時精算課税制度を適用した場合の相続税額は、次のように計算する。

① 相続時精算課税を適用した者の課税価格を計算する

相続又は遺贈により取得した財産の価額
＋ みなし相続財産
＋ 相続時精算課税の適用を受けた財産の価額（A）（贈与時の価額）
－ 債務及び葬式費用
＋ 相続開始前三年以内に取得した財産（(A) を除く）
＝ 課税価格

② 相続時精算課税不適用者の課税価格を計算する

相続又は遺贈により取得した財産の価額
＋
みなし相続財産
－
債務及び葬式費用
＋
相続開始前三年以内に取得した財産
＝
課税価格

③ 課税遺産総額を計算する

（①＋②）－遺産にかかる基礎控除額＝課税遺産総額

④ 各法定相続人の法定相続分に応ずる取得金額を計算する
⑤ ④に対する相続税額を求め、それを合計する（相続税額の総額の計算）
⑥ ⑤を取得した財産額で按分する
⑦ 各人の納付すべき相続税額を計算する
⑧ 相続時精算課税適用者の還付税額を計算する

（例）

父親が死亡（平成27年１月１日以後）

・相続財産……２億円

・相続時精算課税適用財産……4,000万円　（イ）

・相続時精算課税適用時の贈与税額……300万円

・相続人……母親、長男（相続時精算課税適用）、次男

・分割割合……母親 $\frac{1}{2}$ （１億2,000万円）

長男 $\frac{1}{4}$ （2,000万円＋（イ）＝6,000万円）

次男 $\frac{1}{4}$ （6,000万円）とすると、

①　相続時精算課税適用者の課税価格の計算

2,000万円＋4,000万円＝6,000万円

②　相続時精算課税不適用者の課税価格の計算

母親１億2,000万円＋次男6,000万円＝１億8,000万円

③　課税遺産総額を計算する

相続税の基礎控除額

（①＋②）－{3,000万円＋（600万円×３人）}＝１億9,200万円

④　各法定相続人の法定相続分に応ずる取得金額を計算する

・母親…１億9,200万円× $\frac{1}{2}$ ＝9,600万円

・長男、次男…１億9,200万円× $\frac{1}{2}$ × $\frac{1}{2}$ ＝4,800万円

⑤　相続税額の総額の計算

・母親分…9,600万円×30％－700万円＝2,180万円

・長男、次男分…（4,800万円×20％－200万円）×２＝1,520万円

・合計…2,180万円＋1,520万円＝3,700万円

⑥　⑤を取得した財産額で按分する

・母親分…3,700万円× $\frac{1}{2}$ ＝1,850万円

・長男、次男…3,700万円× $\frac{1}{4}$ ＝925万円

⑦　各人の納付すべき相続税額を計算する

・配偶者…配偶者に対する税額の軽減により納付税額ゼロ

贈与税額

・長男…925万円－300万円＝625万円

・次男…925万円

## ❖贈与する財産には制約がある!?

住宅型の適用を受ける場合には、金銭の贈与でなければいけないが、一般型の場合はどんな財産であっても適用の対象になる。

したがって、本来の贈与財産以外にも、たとえば、父が保険料を負担しており、母が亡くなった場合には子が保険金を受け取るという生命保険契約や低額譲渡や債務免除益などのように、みなし贈与財産（P83参照）として贈与税の対象になるものも、この特例の対象にすることができる。

## ❖もらった宅地は相続時に小規模宅地等の特例が受けられる?

相続時精算課税の適用を受けて贈与した宅地等に小規模宅地等の評価減の特例（P47参照）が認められるかというと、これは認められない。

なぜかというと、小規模宅地等の減額特例は、被相続人等が事業の用又は居住の用に供していた宅地等を、相続又は遺贈により取得した場合に認められる制度だからである。相続時精算課税贈与財産は、贈与者が亡くなった時に相続財産に加算されるが、これは、相続税を計算するに際して、ただ単に、その贈与した財産の価額を加算するというだけのことである。

相続税の対象となるのだから、小規模宅地等の減額特例の適用もあるのでは、と考えられそうだが、そうは問屋がおろさない。つまり、相続税の負担を考える上では、小規模宅地等の減額特例の対象となる宅地等は、相続時精算課税制度の適用を受けてはいけないということである。

## ❖相続時精算課税の贈与には小規模宅地等の特例が受けられる?

では、相続時精算課税制度の贈与時には、小規模宅地等の特例が受けられるかというと、これも認められない。

なぜかというと、小規模宅地等の減額特例は、残された相続人の生活保障の観点から一定の減額を認めてくれる制度だから、相続又は遺贈により取得した場合でないと適用がないことになっているからである。

相続時精算課税制度の贈与は、取得原因が贈与であるので、小規模宅地等の減額特例は認められない。つまり、小規模宅地等の減額特例が適用できる宅地等は、相続時精算課税を使って贈与してはダメで、相続でもらわなければいけないのである。

# 第5章

# 「事業承継税制」をくわしく知る

## ❖事業承継税制はこうなった

事業承継税制とは、「非上場株式等に係る相続税・贈与税の納税猶予」制度のことであるが、平成二五年度の税制改正では、「更に使いやすく」という声に応えて、次の改正が行われた。この改正は、平成二七年一月一日以後の相続もしくは遺贈又は贈与から適用される。

① 親族外承継も対象に

後継者は先代経営者の親族に限定されていたが、親族外の者にも適用されることになった。

② 雇用八割維持の要件が緩和

雇用の八割以上を五年間毎年維持しなければならないという要件が、五年間平均でよいこととされた。また、雇用確保要件を満たせず取消しとなって、納税猶予税額を納付しなければならないこととなった場合には、延納又は物納を選択適用することができることとなった。

③ 株式不発行もＯＫに

この制度を適用するには、株式を発行しなければならなかったが、一定の要件の下、株式不発行会社については発行を要しないこととされた。

④　役員退任要件が緩和

先代経営者は株式を贈与する時に役員を退任しなければならないとされていたが、代表権を有していなければよいと改正されたので、役員として残留することもできるようになった。また、給与の支給を受けても贈与税の納税猶予が打ち切られないこととされた。

⑤　納税猶予打ち切りリスクが緩和

経済産業大臣の認定の有効期間（五年間）経過後に納税猶予税額を納付する場合には、その期間中の利子税が免除されることとなった。

⑥　事前確認制度が廃止に

この制度を利用する場合には、事前確認を受けておく必要があったが、平成二五年四月一日からその制度が廃止された。

⑦　特定会社の要件が厳格に

資産保有型会社・資産運用型会社の要件が見直され、厳格になった。

（イ）常時使用従業員数が五人以上必要であるとする要件について、経営承継相続人等と生計を一にする親族は人数に含めないこととされた。

（ロ）貸付け等の要件について、経営承継相続人等の同族関係者等に対する貸付けを含まないこととされた。

⑧　債務控除方式が変更に

納税猶予税額の計算をする場合において、被相続人の債務及び葬式費用を課税価格から控除すると納税猶予税額が少なくなることから、株式以外の相続財産から控除することとされた。

## ❖事業承継税制のしくみ

事業承継税制とは、自社株の納税猶予制度のことをいうが、これには「相続税の納税猶予」と「贈与税の納税猶予」がある。いずれも税額のうち一定額の納付を猶予してくれる制度であるが、猶予された税額は、一定の場合に免除されることとなる。納税猶予のイメージは、次のとおり。

## ①　相続税の納税猶予（現行）

### ２．相続税の納税猶予の場合　※各種要件は、主要なもののみ記載

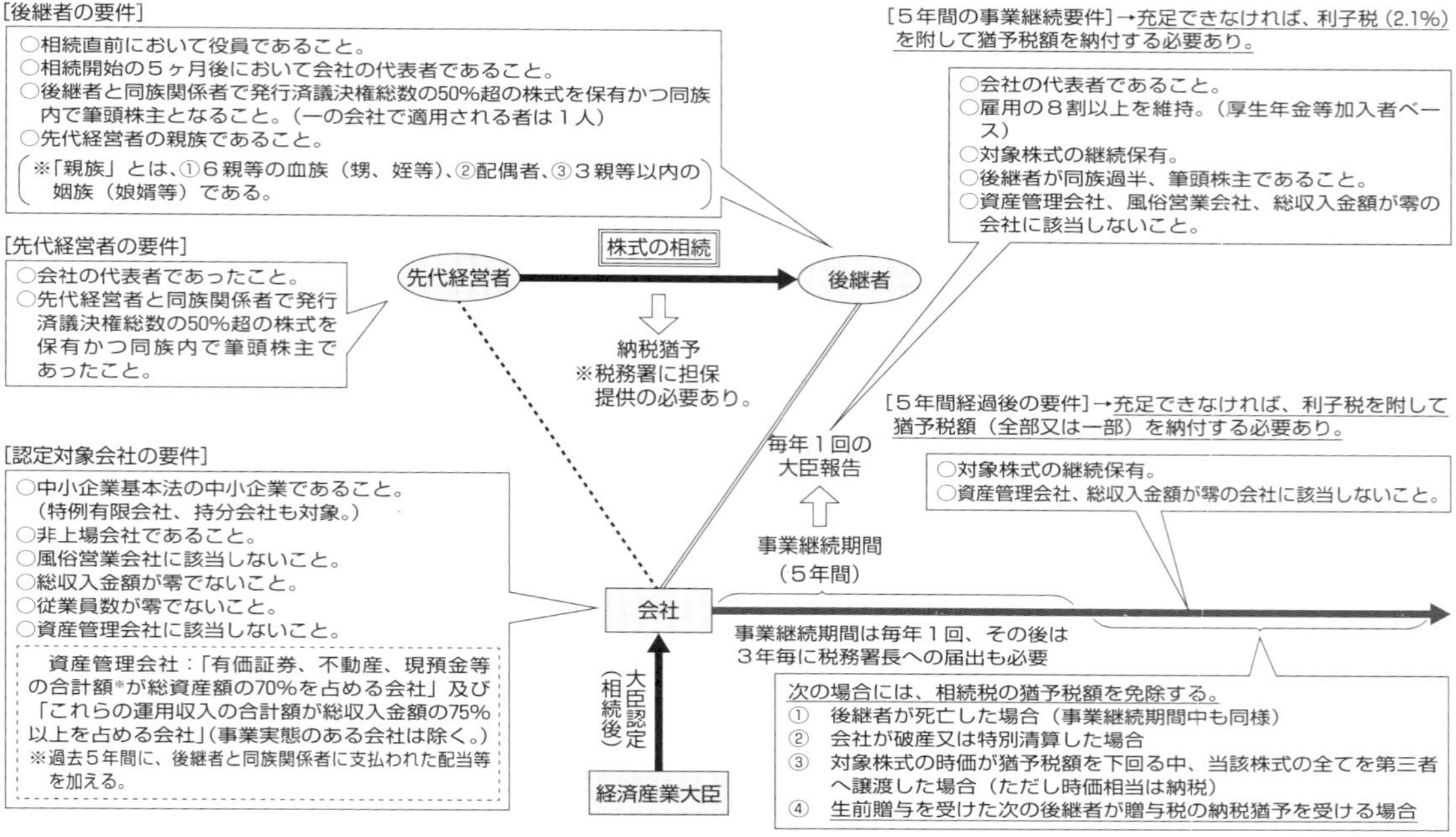
[後継者の要件]
○相続直前において役員であること。
○相続開始の５ヶ月後において会社の代表者であること。
○後継者と同族関係者で発行済議決権総数の50%超の株式を保有かつ同族内で筆頭株主となること。（一の会社で適用される者は１人）
○先代経営者の親族であること。
※「親族」とは、①６親等の血族（甥、姪等）、②配偶者、③３親等以内の姻族（娘婿等）である。
[先代経営者の要件]
○会社の代表者であったこと。
○先代経営者と同族関係者で発行済議決権総数の50%超の株式を保有かつ同族内で筆頭株主であったこと。
[認定対象会社の要件]
○中小企業基本法の中小企業であること。（特例有限会社、持分会社も対象。）
○非上場会社であること。
○風俗営業会社に該当しないこと。
○総収入金額が零でないこと。
○従業員数が零でないこと。
○資産管理会社に該当しないこと。
資産管理会社：「有価証券、不動産、現預金等の合計額※が総資産額の70%を占める会社」及び「これらの運用収入の合計額が総収入金額の75%以上を占める会社」（事業実態のある会社は除く。）
※過去５年間に、後継者と同族関係者に支払われた配当等を加える。
先代経営者
株式の相続
後継者
納税猶予
※税務署に担保提供の必要あり。
会社
大臣認定（相続後）
経済産業大臣
毎年１回の大臣報告
事業継続期間（５年間）
事業継続期間は毎年１回、その後は３年毎に税務署長への届出も必要
[５年間の事業継続要件]→充足できなければ、利子税（2.1%）を附して猶予税額を納付する必要あり。
○会社の代表者であること。
○雇用の８割以上を維持。（厚生年金等加入者ベース）
○対象株式の継続保有。
○後継者が同族過半、筆頭株主であること。
○資産管理会社、風俗営業会社、総収入金額が零の会社に該当しないこと。
[５年間経過後の要件]→充足できなければ、利子税を附して猶予税額（全部又は一部）を納付する必要あり。
○対象株式の継続保有。
○資産管理会社、総収入金額が零の会社に該当しないこと。
次の場合には、相続税の猶予税額を免除する。
①　後継者が死亡した場合（事業継続期間中も同様）
②　会社が破産又は特別清算した場合
③　対象株式の時価が猶予税額を下回る中、当該株式の全てを第三者へ譲渡した場合（ただし時価相当は納税）
④　生前贈与を受けた次の後継者が贈与税の納税猶予を受ける場合

（出典：中小企業庁「中小企業経営承継円滑化法申請マニュアル　平成25年４月改訂」P76より）

## ②　贈与税の納税猶予（現行）

### １．贈与税の納税猶予の場合　※各種要件は、主要なもののみ記載

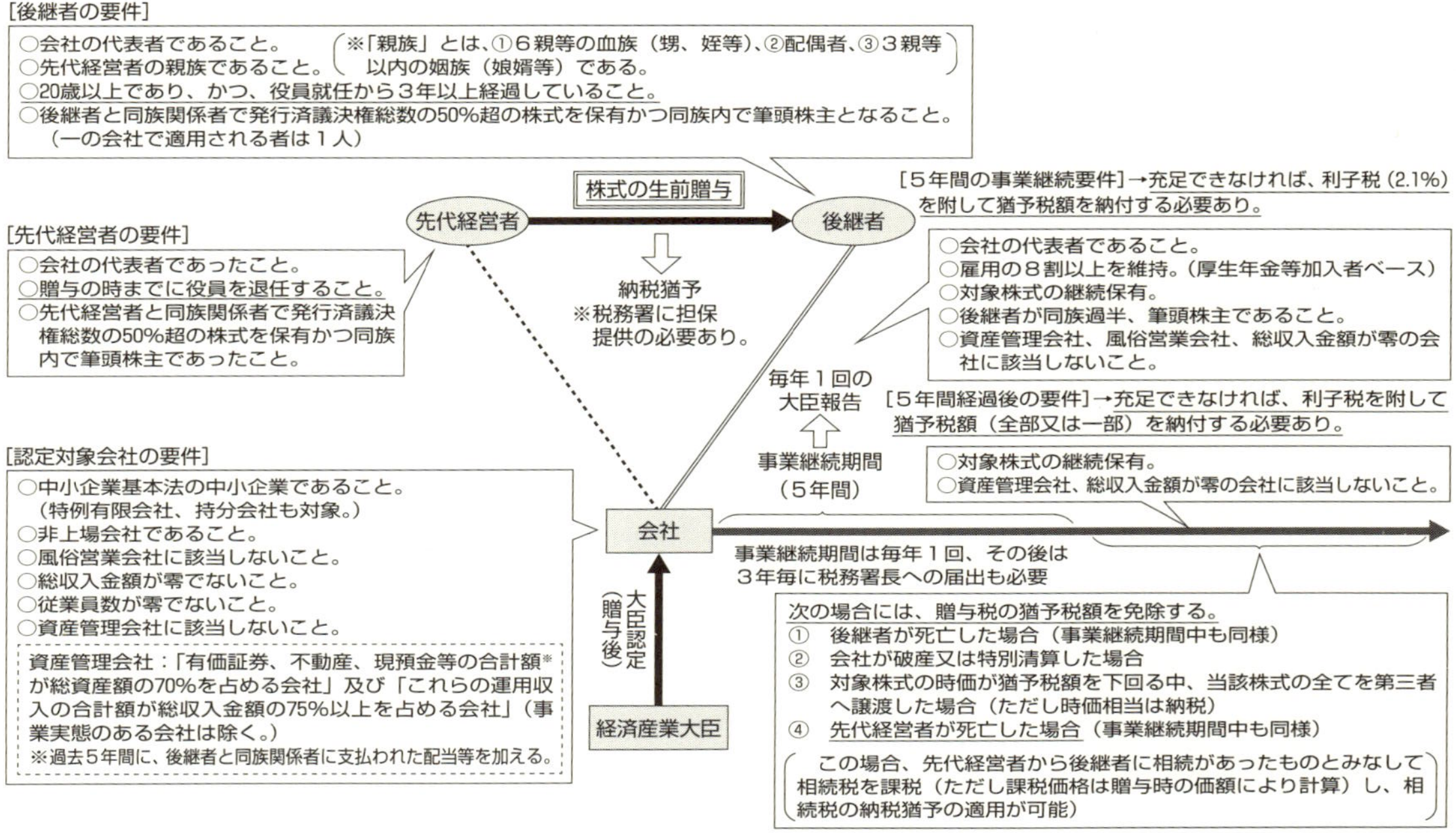

[後継者の要件]
○会社の代表者であること。
○先代経営者の親族であること。
（※「親族」とは、①６親等の血族（甥、姪等）、②配偶者、③３親等以内の姻族（娘婿等）である。）
○20歳以上であり、かつ、役員就任から３年以上経過していること。
○後継者と同族関係者で発行済議決権総数の50%超の株式を保有かつ同族内で筆頭株主となること。（一の会社で適用される者は１人）
先代経営者
株式の生前贈与
後継者
納税猶予
※税務署に担保提供の必要あり。
[先代経営者の要件]
○会社の代表者であったこと。
○贈与の時までに役員を退任すること。
○先代経営者と同族関係者で発行済議決権総数の50%超の株式を保有かつ同族内で筆頭株主であったこと。
[５年間の事業継続要件]→充足できなければ、利子税（2.1%）を附して猶予税額を納付する必要あり。
○会社の代表者であること。
○雇用の８割以上を維持。（厚生年金等加入者ベース）
○対象株式の継続保有。
○後継者が同族過半、筆頭株主であること。
○資産管理会社、風俗営業会社、総収入金額が零の会社に該当しないこと。
毎年１回の大臣報告
事業継続期間（５年間）
[５年間経過後の要件]→充足できなければ、利子税を附して猶予税額（全部又は一部）を納付する必要あり。
○対象株式の継続保有。
○資産管理会社、総収入金額が零の会社に該当しないこと。
[認定対象会社の要件]
○中小企業基本法の中小企業であること。（特例有限会社、持分会社も対象。）
○非上場会社であること。
○風俗営業会社に該当しないこと。
○総収入金額が零でないこと。
○従業員数が零でないこと。
○資産管理会社に該当しないこと。
資産管理会社：「有価証券、不動産、現預金等の合計額※が総資産額の70%を占める会社」及び「これらの運用収入の合計額が総収入金額の75%以上を占める会社」（事業実態のある会社は除く。）
※過去５年間に、後継者と同族関係者に支払われた配当等を加える。
会社
大臣認定（贈与後）
経済産業大臣
事業継続期間は毎年１回、その後は３年毎に税務署長への届出も必要
次の場合には、贈与税の猶予税額を免除する。
①　後継者が死亡した場合（事業継続期間中も同様）
②　会社が破産又は特別清算した場合
③　対象株式の時価が猶予税額を下回る中、当該株式の全てを第三者へ譲渡した場合（ただし時価相当は納税）
④　先代経営者が死亡した場合（事業継続期間中も同様）
（この場合、先代経営者から後継者に相続があったものとみなして相続税を課税（ただし課税価格は贈与時の価額により計算）し、相続税の納税猶予の適用が可能）

（出典：中小企業庁「中小企業経営承継円滑化法申請マニュアル　平成25年４月改訂」P75より）

## ❖相続税の納税猶予制度とは

相続税の納税猶予制度とは、後継者が相続又は遺贈により取得した株式等に係る相続税の八〇％相当額が猶予される制度である。

この制度を受けるには、経済産業大臣の認定を受け、五年間は雇用確保などの事業継続要件を満たさなければならず、その後についても、基本的に後継者が対象株式等を保有し続けなければならない。そして、猶予された税額は、後継者が死亡した場合等、一定の場合に免除されることとなる。その概要は、次のとおりである。

① 対象となる会社

次の会社のいずれにも該当しないこと

（イ）上場会社

（ロ）中小企業者に該当しない会社

（ハ）風俗営業会社

（ニ）資産管理会社

（ホ）総収入金額がゼロの会社、従業員数がゼロ（一定の外国会社は五人未満）の会社

② 後継者の要件

（イ）相続開始五か月後に代表権を有していること

（ロ）相続開始のときにおいて、総議決権数の五〇%超の議決権を後継者及びその親族で有しており、かつ、これらの者の中で最も多く議決権を有していること

③　先代経営者の要件

（イ）会社の代表権を有していたこと

（ロ）相続開始の直前において、総議決権数の五〇%超の議決権を被相続人及びその親族で有しており、かつ、後継者を除いたこれらの者の中で最も多く議決権を有していたこと

④　担保提供要件

納税猶予される相続税額及び利子税額に見合う担保提供が必要

⑤　対象となる株式等

後継者が相続開始前からすでに保有していた完全議決権株式等を含めて、その中小企業の発行済完全議決権株式等の総数の三分の二に達するまでの部分として、次の区分に応じて計算したもの

（イ）$A+B \geqq C \times \frac{2}{3}$ の場合
$C \times \frac{2}{3} - B$
（ロ）$A+B < C \times \frac{2}{3}$ の場合
$A$

A：後継者が相続又は遺贈により取得した会社の完全議決権株式等の数又は金額
B：後継者が相続開始の直前において有していた会社の完全議決権株式等の数又は金額
C：相続開始の時における会社の発行済完全議決権株式等の総数又は総額
（注）総数又は総額の３分の２に１株未満又は１円未満の端数があるときは、端数を切り上げる。

⑥　猶予税額が免除される場合
（イ）後継者が死亡した場合
（ロ）申告期限後五年を経過した後に、次の後継者へ適用を受けた株式等を贈与して、贈与税の納税猶予の適用を受ける場合
（ハ）申告期限後五年を経過した後に、この会社に破産開始の決定又は特別清算開始の命令があったことなど

## ❖贈与税の納税猶予制度とは

贈与税の納税猶予制度とは、後継者が贈与により取得した株式等に係る贈与税の一〇〇%相当額を、贈与者の死亡時まで猶予し、贈与者の死亡時において、その株式等のその贈与時の価額で相続財産に加算して相続税を計算する制度である。

ただし、その相続開始の時点において、後継者がその会社を経営している場合には、その株式等の課税価格の八〇%相当額に対応する相続税が猶予されることとなる。

この制度を受けるには、相続税の納税猶予と同様、経済産業大臣の認定を受け、五年間は雇用確保などの事業継続要件を満たさなければならず、その後についても、基本的に後継者が対象株式等を保有し続けなければならない。

そして、猶予された税額は、後継者が死亡した場合等、一定の場合に免除されることとなる。

① 対象となる会社

相続税の納税猶予における会社の要件と同じ

② 後継者（受贈者）の要件

贈与を受ける時において、次の要件を満たしていること

（イ）会社の代表権を有していること

（ロ）二〇歳以上であること

（ハ）役員等の就任から三年以上経過していること

（ニ）総議決権数の五〇%超の議決権を後継者及びその親族で有しており、かつ、これらの者の中で最も多く議決権を有することとなること

③　先代経営者（贈与者）の要件

（イ）会社の代表権を有していたこと

（ロ）贈与の時までに代表取締役を退任すること

（ハ）贈与の直前において、総議決権数の五〇%超の議決権を贈与者及びその親族で有しており、かつ、後継者を除いたこれらの者の中で最も多く議決権を有していたこと

④　担保提供要件

納税猶予される贈与税額及び利子税額に見合う担保提供が必要

⑤　対象となる株式等

次の区分に応じて計算したものが限度となる。

なお、(イ)に該当する場合には$\left(C\times\frac{2}{3}-B\right)$以上の株式等を、また(ロ)に該当する場合にはAの全部の株式等を、後継者（受贈者）は先代経営者（贈与者）から贈与を受けなければ、この制度の適用が受けられない。

(イ) $A+B \geqq C\times\frac{2}{3}$ の場合

$C\times\frac{2}{3}-B$

(ロ) $A+B<C\times\frac{2}{3}$ の場合

A

A：先代経営者（贈与者）が贈与の直前に有する会社の完全議決権株式等の数又は金額
B：後継者（受贈者）が贈与の前から有していた会社の完全議決権株式等の数又は金額
C：贈与直前の会社の発行済完全議決権株式等の総数又は総額

（注）総数又は総額の3分の2に1株未満又は1円未満の端数があるときは、端数を切り上げる。

⑥ 猶予税額が免除される場合

（イ）先代経営者（贈与者）が死亡した場合

（ロ）後継者（受贈者）が死亡した場合

（ハ）申告期限後五年を経過した後に、この会社に破産開始の決定又は特別清算開始の命令があったことなど

⑦ 先代経営者（贈与者）が死亡した場合

先代経営者が死亡した場合には、贈与税の納税猶予が免除され、その対象となった株式等は、

その受贈者が相続又は遺贈により取得したものとみなして、相続税を計算することになる。この場合の相続税の対象となる株式等の価額は、贈与時の価額となる。

なお、この場合に相続税の納税猶予の要件を満たしているときは、経済産業大臣の認定を受けることによって、相続税の納税猶予が受けられることになる。ただし、この場合には、相続税の申告期限までに、相続税の納税猶予の適用を受ける旨を記載した一定の書類を添付して申告書を提出するとともに、一定額の担保を提供しなければならない。

## ❖何株でも相続税の納税猶予の対象になる!?

相続税の納税猶予は、一定の要件の下、後継者が相続又は遺贈により取得した株式等に係る相続税の八〇%相当額が猶予される制度であるが、その納税猶予の対象となる株式等は、後継者が相続前から保有していた完全議決権株式等を含めて、その会社の発行済完全議決権株式等の総数の三分の二が限度とされている。相続や遺贈で取得したすべての株式が対象になるわけではないので、注意が必要である。

事例で確認してみよう。

① 甲社（$A+B \geqq C \times \frac{2}{3}$）の場合

（イ）後継者が相続又は遺贈により取得した会社の完全議決権株式等の数：30,000株（A）
（ロ）後継者が相続開始の直前において有していた会社の完全議決権株式等の数：10,000株（B）
（ハ）相続開始の時における会社の発行済完全議決権株式等の総数：45,000株（C）
（ニ）相続税の納税猶予の対象となる株式等
$C \times \frac{2}{3} - B = 45{,}000株 \times \frac{2}{3} - 10{,}000株 = 20{,}000株$
∴相続したすべての株式等が納税猶予の対象にならない

② 乙社（$A+B < C \times \frac{2}{3}$）の場合

（イ）後継者が相続又は遺贈により取得した会社の完全議決権株式等の数：10,000株（A）
（ロ）後継者が相続開始の直前において有していた会社の完全議決権株式等の数：0株（B）
（ハ）相続開始の時における会社の発行済完全議決権株式等の総数：18,000株（C）
（ニ）相続税の納税猶予の対象となる株式等
A＝10,000株
∴相続したすべての株式等が納税猶予の対象になる

## ❖株数によっては贈与税の納税猶予が受けられない!?

　贈与税の納税猶予は、贈与直前における贈与者と受贈者の所有株式等が会社の発行済株式数の三分の二以上である場合は、その三分の二に達するまでの株式等以上の株式等を贈与しなければならず、その両者の贈与直前の所有株式等の合計が三分の二未満である場合には、贈与者の所有している会社の株式等の全部を贈与しなければならないこととなっている。この要件に満たない贈与は、適用が受けられないので注意しなければならない。

事例で確認してみよう。

（例1）贈与がない（A＋B≧C×$\frac{2}{3}$）場合

（イ）先代経営者の贈与前の所有株式数：3,000株（A）

（ロ）後継者の贈与前の所有株式数：0株（B）

（ハ）発行済完全議決権株式等の総数：3,000株（C）

（ニ）贈与税の納税猶予の対象となる株式等

$C\times\frac{2}{3}-B=3{,}000株\times\frac{2}{3}-0=2{,}000株$

（ホ）贈与と納税猶予の関係

先代経営者の株式3,000株のうち2,000株までは納税猶予の適用が受けられるが、2,000株を超える部分には適用がないため、超える部分については、通常の贈与か相続時精算課税制度を適用することとなる。なお、この例においては、2,000株以上の贈与をしないと納税猶予が認められない。

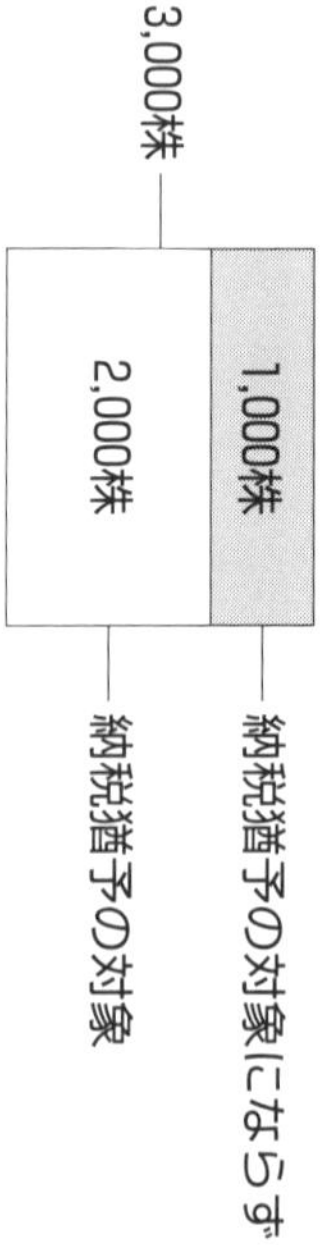

（例２）贈与がある（$A+B<C\times\frac{2}{3}$）場合

（イ）先代経営者の贈与前の所有株式数：1,000株（A）

（ロ）後継者の贈与前の所有株式数：800株（B）

（ハ）発行済完全議決権株式等の総数：3,000株（C）

（ニ）贈与税の納税猶予の対象となる株式等

$A+B=1{,}800株<3{,}000株\times\frac{2}{3}=2{,}000株$

∴1,000株

（ホ）贈与と納税猶予の関係

この場合には、先代経営者の贈与前所有株1,000株を全部贈与しなければ、納税猶予の適用が受けられない。

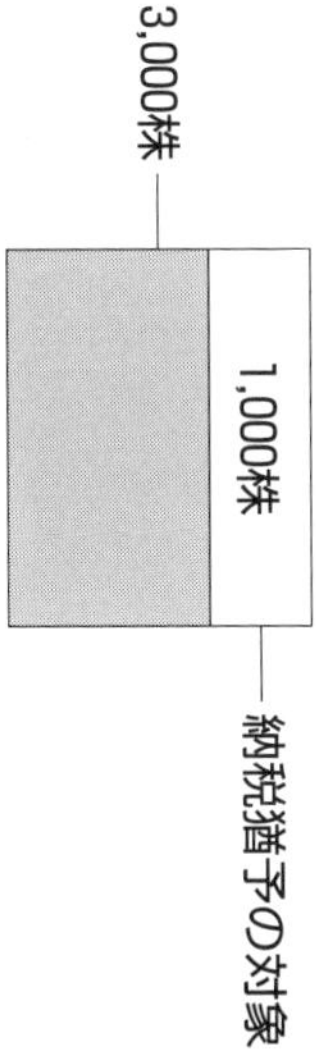


## ❖相続税の納税猶予額はこうして計算する

相続税の納税猶予額は、次のように計算する。

（例）

被相続人：甲（平成27年１月１日以後相続開始）
相続人：乙（後継者）、丙
相続財産：納税猶予対象株式１億円
その他の財産　３億円
計　４億円

遺産分割

| | | | |
|---|---|---|---|
| 乙：納税猶予対象株式 | １億円 | 丙：その他の財産 | ２億円 |
| その他の財産 | １億円 | | |
| 合計 | ２億円 | 合計 | ２億円 |

①　通常の相続税額の計算

・課税遺産総額
４億円－（3,000万円＋600万円×２人）＝３億5,800万円

・各相続人の法定相続分の金額
３億5,800万円×$\frac{1}{2}$＝１億7,900万円

・相続税の総額
（１億7,900万円×40%－1,700万円）×２人＝１億920万円

・各人の相続税額
乙：１億920万円×$\frac{1}{2}$＝5,460万円
丙：１億920万円×$\frac{1}{2}$＝5,460万円

② 後継者の取得財産が納税猶予対象株式のみとして計算

・課税遺産総額

乙：納税猶予対象株式１億円＋丙：その他の財産２億円＝３億円

３億円－（3,000万円＋600万円×２人）＝２億5,800万円

・各相続人の法定相続分の金額

２億5,800万円×$\frac{1}{2}$＝１億2,900万円

・相続税の総額

（１億2,900万円×40%－1,700万円）×２人＝6,920万円

・乙の相続税額

乙：6,920万円×$\frac{1億円}{3億円}$≒2,307万円

③ 後継者の取得財産が納税猶予対象株式の20%相当額として計算

・課税遺産総額

丙：その他の財産２億円＋乙：納税猶予対象株式１億円×20%－（3,000万円＋600万円×２人）＝１億7,800万円

・各相続人の法定相続分の金額

１億7,800万円×$\frac{1}{2}$＝8,900万円

・相続税の総額

（8,900万円×30%－700万円）×２人＝3,940万円

・乙の相続税額

乙：3,940万円×$\frac{2,000万円}{2億2,000万円}$≒358万円

④　納税猶予額

②－③≒1,949万円

⑤　各人の納税額

乙：5,460万円－1,949万円≒3,511万円

丙：5,460万円

## ❖ 通常の贈与がある場合の贈与税の納税猶予額の計算方法

贈与税の納税猶予の対象となる株式等とその他の財産の贈与を受けた場合の納税猶予額は、次のように計算（通常の贈与の場合）する。

（例）贈与の内訳

| | |
|---|---|
| 納税猶予対象株式 | 1億円 |
| その他の財産 | 110万円 |
| 合計 | 1億110万円 |

①　通常の贈与税額の計算

（1億110万円－110万円）×55%－400万円＝5,100万円

② 納税猶予対象株式のみの贈与として計算（納税猶予額）
（1億円－110万円）×55%－400万円＝5,039.5万円
③ 納付税額
①－②＝60.5万円

## ❖贈与税の納税猶予と相続税の納税猶予の関係

贈与税の納税猶予と相続税の納税猶予は、次のような関係になっており、これらをうまく活用すれば、相続税額の二割相当額を負担するだけで済むことになる。要件に該当する者は、是非検討してみよう。

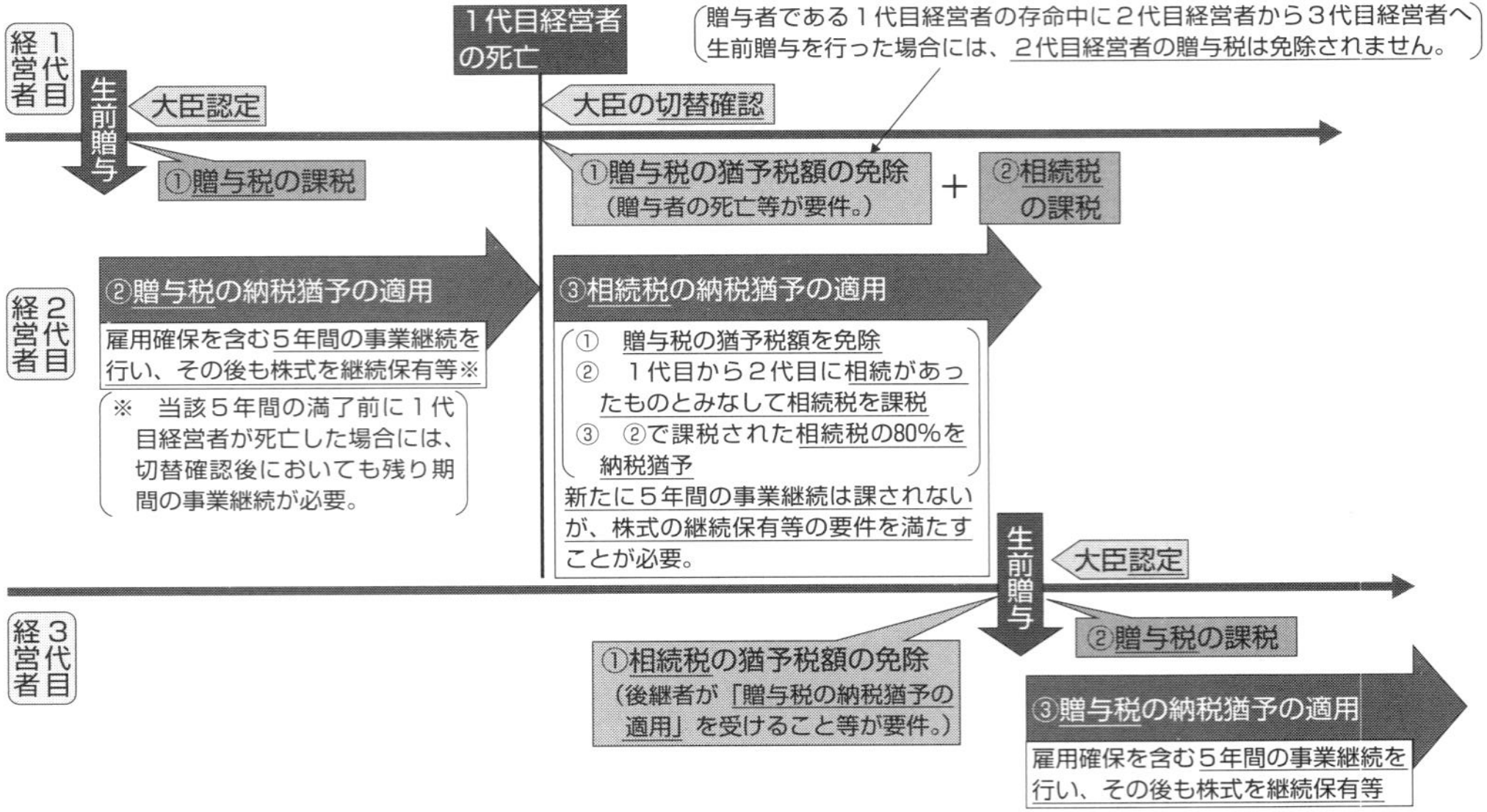
経営者 1代目
経営者 2代目
経営者 3代目
1代目経営者の死亡
贈与者である1代目経営者の存命中に2代目経営者から3代目経営者へ生前贈与を行った場合には、2代目経営者の贈与税は免除されません。
生前贈与
大臣認定
①贈与税の課税
大臣の切替確認
①贈与税の猶予税額の免除
（贈与者の死亡等が要件。）
＋
②相続税の課税
②贈与税の納税猶予の適用
雇用確保を含む5年間の事業継続を行い、その後も株式を継続保有等※
※　当該5年間の満了前に1代目経営者が死亡した場合には、切替確認後においても残り期間の事業継続が必要。
③相続税の納税猶予の適用
①　贈与税の猶予税額を免除
②　1代目から2代目に相続があったものとみなして相続税を課税
③　②で課税された相続税の80%を納税猶予
新たに5年間の事業継続は課されないが、株式の継続保有等の要件を満たすことが必要。
生前贈与
大臣認定
①相続税の猶予税額の免除
（後継者が「贈与税の納税猶予の適用」を受けること等が要件。）
②贈与税の課税
③贈与税の納税猶予の適用
雇用確保を含む5年間の事業継続を行い、その後も株式を継続保有等

（出典：中小企業庁「中小企業経営承継円滑化法申請マニュアル　平成25年4月改訂」P74より）

## ❖納税猶予と密接な関係の民法特例とは

中小企業のオーナーの場合、財産のほとんどが自社株ということも少なくない。このようなオーナーに相続が発生すると、遺産をめぐってトラブルとなるケースが多い。なぜなら、後継者は会社を経営していくため、すべての株を相続したがるが、そうすると他の相続人は何ももらえないということになり、会社の存続を優先させると、どうしても他の相続人の遺留分（最低限の遺産がもらえる権利）を侵害してしまうこととなるからである。

そうしたトラブルをなくして事業承継を円滑に進めようということで創設されたのが、「経営承継円滑化法」である。この経営承継円滑化法では、民法における遺留分の特例が新設されて、①先代経営者が後継者に生前贈与した自社株は遺留分の算定基礎財産から除外することができる（除外合意）、②贈与時の自社株の価額を遺留分の算定基礎財産の額として計算する（固定合意）ことができることとされた。これによって、少しは事業承継がしやすくなったかもしれない。

とはいうものの、この特例の適用を受けるには、いずれも相続人全員の合意が必要となる（この規定は強制法規ではない）ので、その点は注意しておく必要があろう。

なお、この民法の特例と納税猶予の制度とは直接の関係がないので、民法の特例を受けたからといって贈与税の納税猶予制度が受けられるというものではないし、贈与税の納税猶予の適用を受けたからといって、民法の特例を受けられるものではない。また、贈与税の納税猶予の適用を受けていても、必ずしも相続税の納税猶予の適用が受けられるものでもない（相続人の合意が必要）ので、この点にも注意しておこう。

# 第6章

# 「信託」をくわしく知る

## ❖信託って？

信託ってご存知だろうか？　「投資信託」とか「土地信託」などを連想して、ちょっと危ないんでは、という印象をお持ちかもしれないが、相続・事業承継で使えるように平成一九年に信託法の法整備が行われ、安全に使えるものになっている。

しかしながら、まだまだ「従来の信託」のイメージが強かったり、これらを実現するための商品開発が進んでいなかったりで、実際のところ、実務ではほとんど取り扱われていない。

したがって、今回、本書ではその概略を述べるにとどめておくが、使い方にはかなりのバリエーションがあることから、オーダーメイドで様々なニーズに応えられることができるものと思う。財産処分でお悩みであれば、是非検討をお勧めする。

## ❖信託を設定するには？

①　信託とは

信託とは、財産を持っている人（委託者）が、一定の方法で特定の者（受託者）にその財産の名義や管理・処分権を移転させ、その信託財産を管理・運用・処分してもらうことによって得られる利益を、他の特定の者（受益者）に与える仕組みをいい、委託者は受益者を自由に決めることができるものである。

② 信託を設定する方法

信託を設定する方法は、従来は信託契約による方法と、遺言による方法に限られていたが、信託法が改正されて自己信託による方法もできることとなっている。

| 信託の方法 | 内容 |
|---|---|
| 信託契約による方法 | 特定の者との間で、その特定の者に対し財産の譲渡、担保権の設定その他の財産の処分をする旨並びにその特定の者が一定の目的に従い財産の管理又は処分及びその他の目的の達成のために必要な行為をすべき旨の契約（信託契約）を締結する方法 |
| 遺言による方法（遺言信託） | 特定の者に対し財産の譲渡、担保権の設定その他の財産の処分をする旨並びにその特定の者が一定の目的に従い財産の管理又は処分及びその他の目的の達成のために必要な行為をすべき旨の遺言をする方法 |
| 自己信託による方法 | 特定の者が一定の目的に従い自己の有する一定の財産の管理又は処分及びその他の目的の達成のために必要な行為を自らすべき旨の意思表示を公正証書その他の書面又は電磁的記録でその内容等を記載又は記録したものによってする方法 |

## ❖信託の形態

信託の形態は、従来は次の①②の二つしかなかったが、改正により、委託者と受益者が同一である信託や受益者の定めのない信託、事業信託など多様な信託が可能になったことから、今では③から⑧のような使い方をすることもできるようになっている。

① 自益信託
委託者が受益者である信託（例：貸付信託、投資信託）

② 他益信託
委託者が受益者でない信託

③ 自己信託
（イ）内容
委託者自身が受託者となる信託で、委託者が自己の財産を他人のために管理・処分等を自らすべき旨の意思表示を一定の手続き（公正証書等）により行う信託（信託宣言ともいう）
（ロ）使い方
（例）
法人のある事業部を自己信託（自分に信託）する。
（特徴）
分社と同様の効果が、課税関係なく、しかも簡素な手続きですることができる。

④ 目的信託
（イ）内容
受益者の定めのない又は定める方法の定めのない信託（信託の存続期間は二〇年を超えることができない）。
（ロ）使い方
（例）

福祉や子育て支援に信託を設定する。

（特徴）

非営利活動やボランティア活動の民間支援資金の受け皿とすることができる。

⑤　事業信託

（イ）内容

委託者が信託前に有していた債務を受託者に信託し、かつ、信託財産をその債務の引当てとすることができる信託。

（ロ）使い方

（例）

法人のある事業部を事業信託（他人に信託）する。

（特徴）

後継者がいないような場合に、第三者に事業信託すれば、収益だけ受け取ることができる。

⑥　遺言代用信託

（イ）内容

委託者の死亡を始期として受益権を取得、又は信託財産に係る給付を受ける権利を取得する受益者（死亡後受益者）について定めのある信託。

（ロ）使い方

（例）

遺言の代わりに生前に信託をする。

（特徴）
自分の死後における財産処分を生前に確実に行うことができる。

⑦ 遺言による信託
（イ）内容
以前からあった信託だが、受託者が円滑に引受けができるよう、①遺言に受託者の指定の定めがあるときは利害関係者による信託の引受けを催告できる、②受託者の定めがない、又は受託者死亡等のときは利害関係者により裁判所へ選任申立てができることとなった。
（ロ）使い方
（例）
遺言で特定の者に財産の管理・処分等を信託する。
（特徴）
自分の死後における資産承継と財産管理、処分を自由に指定できる。

⑧ 後継ぎ遺贈型の受益者連続信託
（イ）内容
受益者の有する受益権がその受益者の死亡により消滅して、他の者が新たな受益者として順番に受益権を取得する旨の定めのある信託。信託期間は、信託設定時から三〇年経過時以後に現に存する受益者が死亡するまで、又は受益権が消滅するまでとされている。
（ロ）使い方
（例）

遺言代用信託もしくは遺言による信託により、財産の承継を二代以上にわたる指定をする。

（特徴）

二代以上にわたる財産の承継を確実に実行させることができる。

## ❖遺言信託と遺言代用信託の違い

① 遺言信託とは

遺言信託とは、遺言により信託を設定するもので、遺言者（委託者）が信頼できる者（受託者）に対して、自己の財産（信託財産）を目的（信託目的）にしたがって管理・処分等する旨を遺言書に記載し、遺言者の死亡によって信託が有効になるものである。

遺言の形式は特に定められていないので、自筆証書遺言でも公正証書遺言でもいいが、遺言に不備があると無効になるので注意したい。また、遺言なので、必ずしも実行されるという保証はなく、受託者が拒否したりすると実現できなくなるので、その点にも注意が必要である。

なお、ここでいう遺言信託とは、信託銀行等が行っている遺言書を作成・保管・遺言の執行を行う遺言信託とは別物なので、区別しておいていただきたい。

② 遺言代用信託とは

遺言代用信託とは、遺言ではなく信託契約によって信託を設定するもので、信託契約締結の時からその効力が発生することから、生前信託とも呼ばれているものである。

遺言信託に比べると確実性があるので、必ず実行させたいという場合は、遺言信託ではなく、この遺言代用信託を使うとよい。信託の内容は、委託者の生存中は自らが受託者となり、委託者が死亡したときに指定する者に信託の受益権を承継させるというもので、遺言信託と変わるところはない。

## ❖信託税制のしくみ

信託税制の概要は次のようになっている。

# 信託税制

ポイント 信託法の改正等を踏まえた信託税制の整備をします。

## 新信託法（平成18年12月8日成立）

■信託法制定以来約80年振りの抜本的見直し

■多様な信託の類型が可能となるなど信託の利用機会が大幅に拡大

●目的信託（受益者の定めのない信託）の創設

●自己信託（委託者と受託者が同一の者である信託）の創設

●「事業型」信託を可能とする環境整備

◎受託者が信託目的の達成のために必要な一切の行為をする権限を有することを明確化

◎信託受益権の証券化を一般的に許容（受益証券発行信託）

◎多数決による受益者の意思決定の許容

【信託に対する課税上の対応の必要性】

**課税の公平・中立の確保**

多様な信託の類型への課税上の対応

法人税・相続税等の租税回避の防止

## 相続税・贈与税等に係る措置

●受益者連続型信託等

◎各受益者等は前の受益者等から受益権を遺贈等により取得したとみなして相続税等を課税

（注）受益者連続型信託：信託行為に、一定の場合に受益権が順次移転する定めのある信託

●受益者等が存在しない信託

◎受託者の法人税率と相続税率の差を利用した租税回避を防止するため、一定の場合には受託者に相続税等を課税（法人税等は控除）

◎受益者等特定時に一定の場合には受益者等に贈与税課税

## 受益者段階課税（発生時課税）
（信託収益の発生時に受益者等に課税）

●不動産・動産の管理等の一般的な信託

▶信託財産に属する資産・負債及び信託財産に帰せられる収益・費用の帰属すべき者の範囲の整備

▶信託損失に係る適正化措置

◎個人受益者等の信託に係る不動産所得の損失は、生じなかったものとみなす

◎法人受益者等の信託損失のうち信託金額を超える部分（一定の場合には信託損失のすべて）を損金不算入

## 受益者段階課税（受領時課税）
（信託収益を現実に受領した時に受益者に課税）

●特定受益証券発行信託

受益証券発行信託のうち、次の要件を満たすもの

◎受託者が税務署長の承認を受けた法人であること

◎信託の未分配利益が信託元本総額の2.5%以下であること 等

（注）受益証券発行信託：信託行為において、受益証券を発行する旨を定めた信託

●合同運用信託

範囲の適正化

●一定の投資信託
（証券投資信託・国内公募等投資信託・外国投資信託）

●退職年金等信託・特定公益信託等

## 信託段階法人課税
（信託段階において受託者を納税義務者として法人税を課税）

●法人が委託者となる信託のうち、次に掲げるもの

◎重要な事業の信託で、受益権の過半を委託者の株主に交付するもの

◎長期（信託存続期間20年超）の自己信託等

◎損益の分配割合の変更が可能である自己信託等

●受益者等が存在しない信託

遺言により設定された目的信託や委託者の地位を有する者のいない信託で受益者等が特定されていないもの等

●特定受益証券発行信託に該当しない受益証券発行信託

●投資信託（受領時課税される投資信託以外のもの）

●特定目的信託

（注）1. 点線の枠内が平成19年度税制改正により措置されるもの。原則として、新信託法の適用を受ける信託について適用。
2. 「受益者等」とは、受益者としての権利を現に有する受益者及びみなし受益者（信託の変更権限を現に有し、かつ、その信託財産の給付を受けることとされている者）をいいます。

（出典：財務省「平成19年度税制改正パンフレット」）

大別すると、①受益者発生時課税（信託収益の発生時に受益者等に課税）、②受益者受領時課税（信託収益を現実に受領した時に受益者に課税）、③信託段階法人課税（信託段階において受託者を納税義務者として法人税を課税）に分けられ、その上で、相続税・贈与税について、相続独自の信託、受益者連続型信託（後継ぎ遺贈型の受益者連続信託）の取扱いと、租税回避の観点から受益者等が存在しない信託の特例を定める形になっている。

## ❖受益者連続型信託の課税関係は？

受益者連続型信託とは、いわゆる後継ぎ遺贈型の受益者連続信託のことであるが、相続税法では、次のように取り扱われることとなっている。

① 最初の受益者の課税

受益者連続型信託に関する権利を、受益者（受益者が存しない場合は特定委託者）が適正な対価を負担せず取得した場合は、贈与税が課せられる。ただし、委託者の死亡により受益者となる場合は、遺贈により取得したものとみなされて相続税が課せられる。

② 次回以降の受益者の課税

次の受益者（二次受贈者）が、適正な対価を負担せず受益者となった場合は、最初の受益者から贈与によりその信託の権利を取得したものとみなされて贈与税が課せられる。それ以降の受贈者も、同様である。

ただし、受益者等であった者の死亡に基因して受益者となったときは、遺贈により取得したものとみなされて相続税が課せられる。

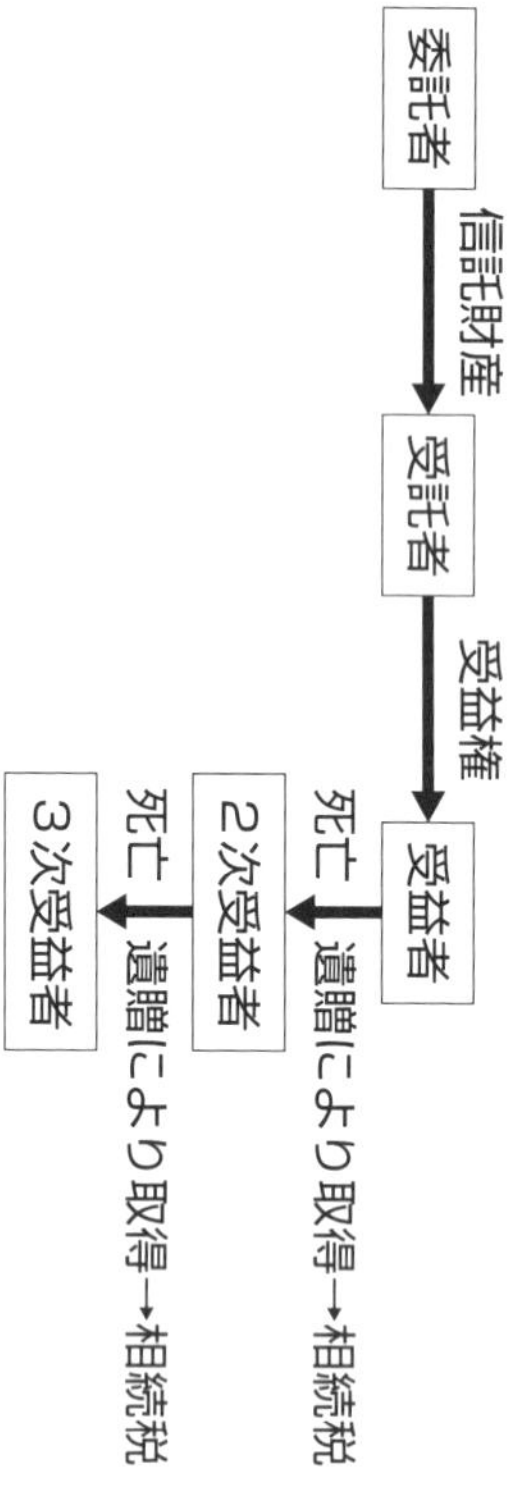

委託者
信託財産
受託者
受益権
受益者
死亡
遺贈により取得→相続税
2次受益者
死亡
遺贈により取得→相続税
3次受益者


## ❖受益者等が存しない信託の課税関係は？

信託税制では、受益者等が存しない場合の信託については、次のように取り扱われることになっている。

① 受益者等の存在しない信託（遺言により設定された目的信託、委託者の地位を有する者のいない信託で受益者が特定されていないもの等）については、その受託者に対し、信託財産から生ずる所得について、その受託者の固有財産から生ずる所得とは区別して法人税を課税する。

② 受益者等の存在しない信託を設定した場合には、委託者においてはみなし譲渡課税又は寄附金課税を、受託者においてはその信託財産の価額に相当する金額について受贈益課税を行う。

③　受益者等の存在しない信託に受益者等が存することとなった場合には、その受益者等の受益権の取得による受贈益について、所得税又は法人税を課税しない。

④　受益者等の存在しない信託が終了した場合には、残余財産を取得した帰属権利者に対して所得税又は法人税を課税する。

⑤　受益者等の存在しない信託で一定の場合は、受託者に相続税等を課税（法人税等は控除）するとともに、受益者等が特定した時に贈与税又は相続税を課税（詳細はＰ165**「受益者等が存しない信託の相続税の特例とは？」**～Ｐ169**「贈与又は遺贈とみなされる信託がある!?」**を参照）する。

## ❖受益者等が存しない信託の相続税の特例とは？

①　委託者の親族が受益者等になるとき

受益者の存しない信託で、その信託の受益者等となる者がその信託の委託者の親族であるときは、その信託の効力が生ずる時に、受託者はその委託者からその信託に関する権利を贈与又は遺贈により取得したものとしてみなして課税される。

なお、受益者が存しない信託には、原則どおり、受託者に法人税が課せられることから、この場合の贈与税又は相続税からは法人税相当額が控除されることとなる。

なお、受益者等が存しない信託の設定に際して、その信託財産が譲渡所得の対象となる資産である場合には、委託者に対して、みなし譲渡課税が生じることとなる。

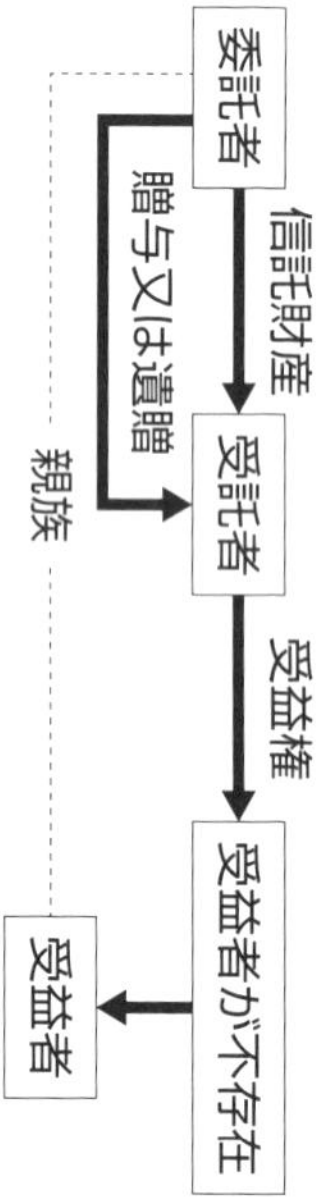
委託者
信託財産
受託者
受益権
受益者が不存在
贈与又は遺贈
親族
受益者

② 受益者等になる者が明らかでないとき

信託の受益者等となる者が明らかでないときにその信託が終了した場合で、その委託者の親族が残余財産の給付を受けるときも、①と同様に委託者から受託者に対して贈与又は遺贈があったものとみなして課税されるとともに、受託者には法人税が課せられる。

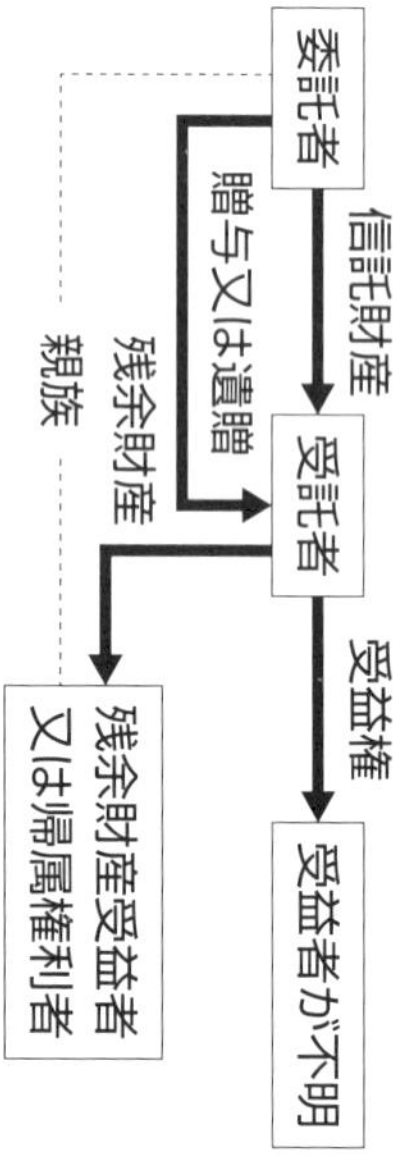
委託者
信託財産
受託者
受益権
受益者が不明
贈与又は遺贈
残余財産
残余財産受益者
又は帰属権利者
親族

③ 受益者等が存在しなくなった場合

受益者の存する信託において、信託の受益者等が存しないこととなった場合において、その受益者等の次に受益者等となる者が、その信託の効力が生じたときの委託者又はその次の受益者等となる者の前の受益者等の親族であるときは、受益者等が存しないこととなった場合に該当することとなった時において、①と同様にその信託の受託者が、その次に受益者等となる者の前の受益者等からその信託等に関する権利を贈与又は遺贈により取得したものとみなされるとともに、受託者には法人税が課せられる。

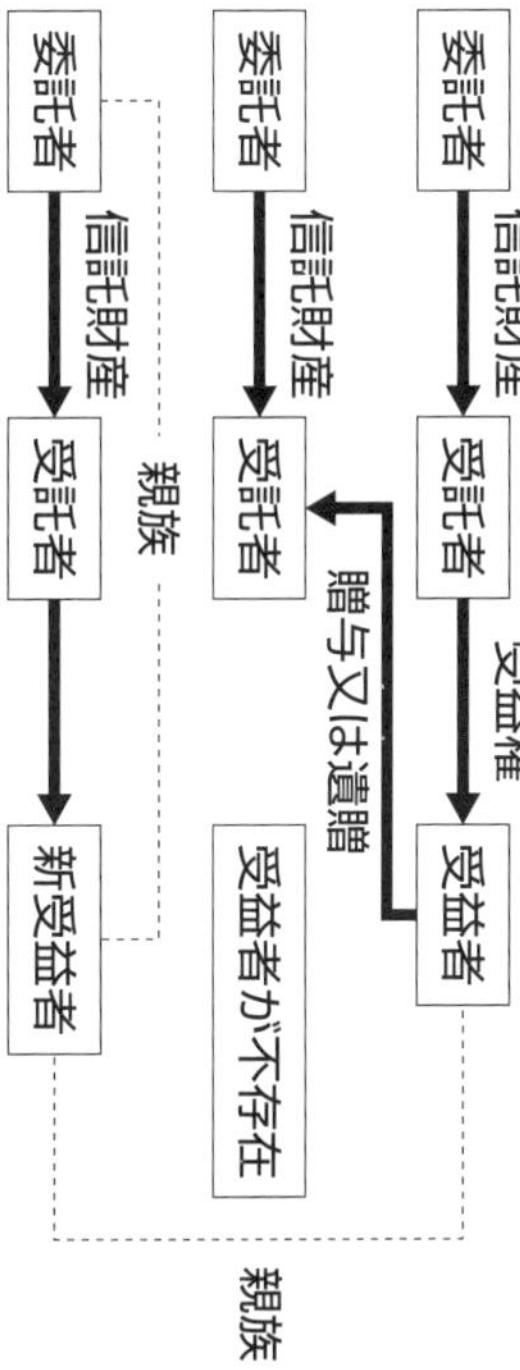
委託者
信託財産
受託者
受益権
受益者
委託者
信託財産
受託者
贈与又は遺贈
受益者が不存在
委託者
信託財産
受託者
新受益者
親族
親族

④　次の受益者等が明らかでない場合

受益者等が存しないこととなった信託のうち、次の受益者等となる者が明らかでないものについては、その信託が終了した場合において、その信託の委託者又はその次に受益者等となる者の前の受益者等の親族等がその信託の残余財産の給付を受けることとなるときも、①と同様にその信託の受託者が、残余財産の給付を受ける者の前の受益者等から贈与又は遺贈により取得したものとみなされるとともに、受託者には法人税が課せられる。

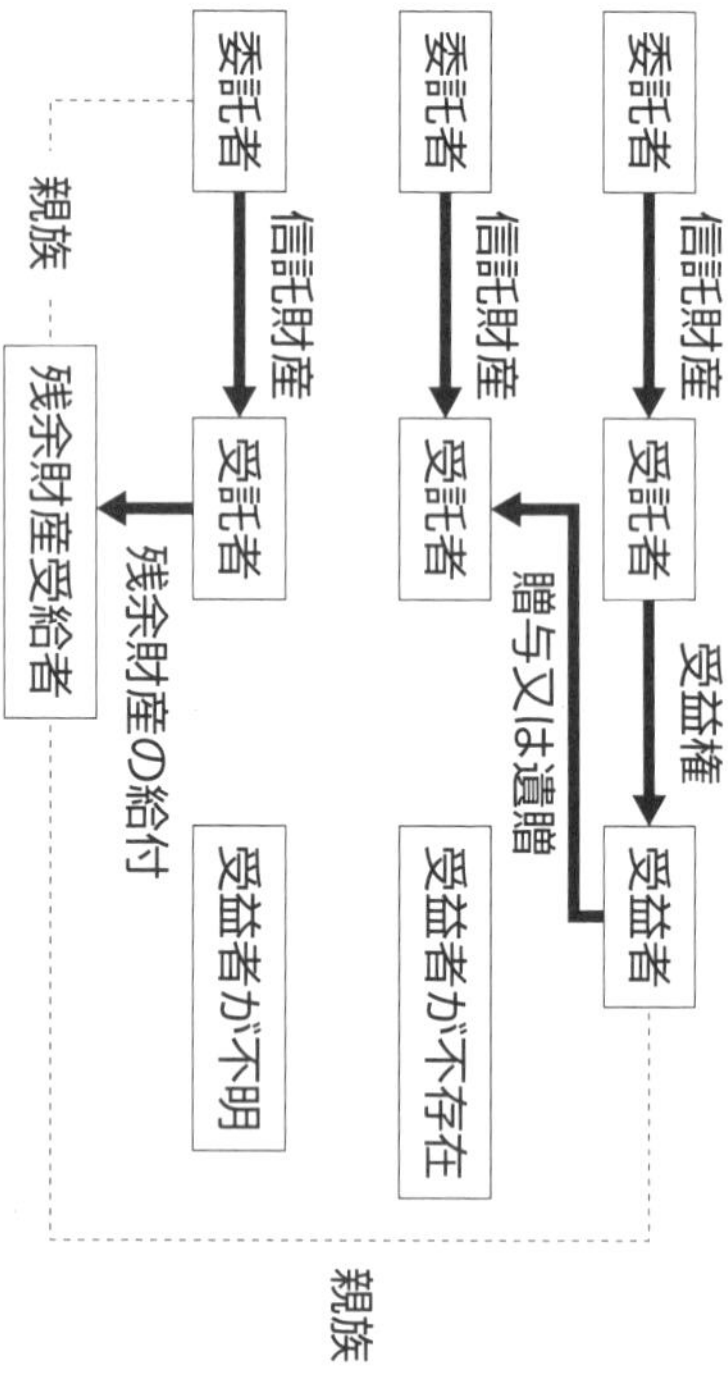
委託者
信託財産
受託者
受益権
受益者
贈与又は遺贈
委託者
信託財産
受託者
受益者が不存在
委託者
信託財産
受託者
受益者が不明
残余財産の給付
残余財産受給者
親族
親族

## ❖受益者等が存しない信託に受益者等が存することとなったときは？

受益者等が存しない信託について、その信託の契約締結時等において存しない者が受益者等になる場合において、その信託の受益者等となる者がその信託の契約締結時における委託者の親族であるときは、その存しない者がその信託の受託者等になる時に、その信託に関する権利を贈与により取得したものとみなされ贈与税が課税される。また、この場合、信託設定時には、受託者に対して受贈益相当額の法人税が課せられる。

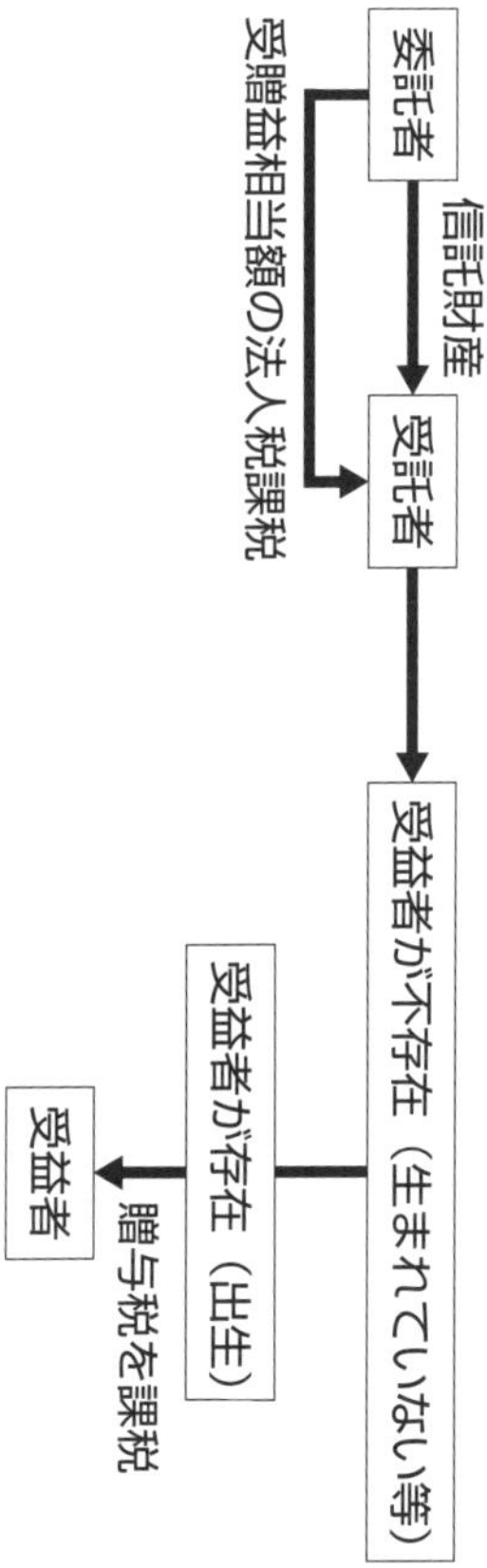
委託者
信託財産
受託者
受贈益相当額の法人税課税
受益者が不存在（生まれていない等）
受益者が存在（出生）
贈与税を課税
受益者

## ❖贈与又は遺贈とみなされる信託がある!?

相続税では、次の場合には、信託を贈与又は遺贈により取得したものとみなされるので、注意が必要である。

① 信託の効力が生じた場合

信託の効力が生じた場合において、適正な対価を負担せず、信託の受益者等（受益者としての権利を有する者及び特定委託者（信託の変更をする権限を有し、かつ、信託財産の給付を受けることとされている者））となる者は、その信託の効力が生じた時に、その信託に関する権利をその信託の委託者から贈与により取得したものとみなされる。

ただし、委託者の死亡に基因して効力が生ずるものについては、遺贈により取得したものとみなされる。

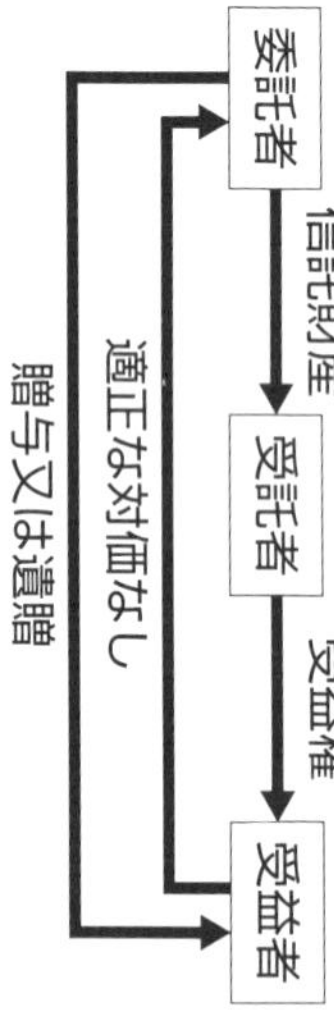
委託者
信託財産
受託者
受益権
受益者
適正な対価なし
贈与又は遺贈

② 新たな受益者が存在することとなった場合

既に受益者等の存する信託について、適正な対価を負担せず、新たにその信託の受益者等が存在することとなった場合には、その受益者等が存在することとなった時に、その受益者となる者は、その信託に関する権利をその信託の受益者等であった者から贈与により取得したものとみなされる。

ただし、その受益者等であった者の死亡に基因して受益者等が存在することとなった場合には、遺贈により取得したものとみなされる。

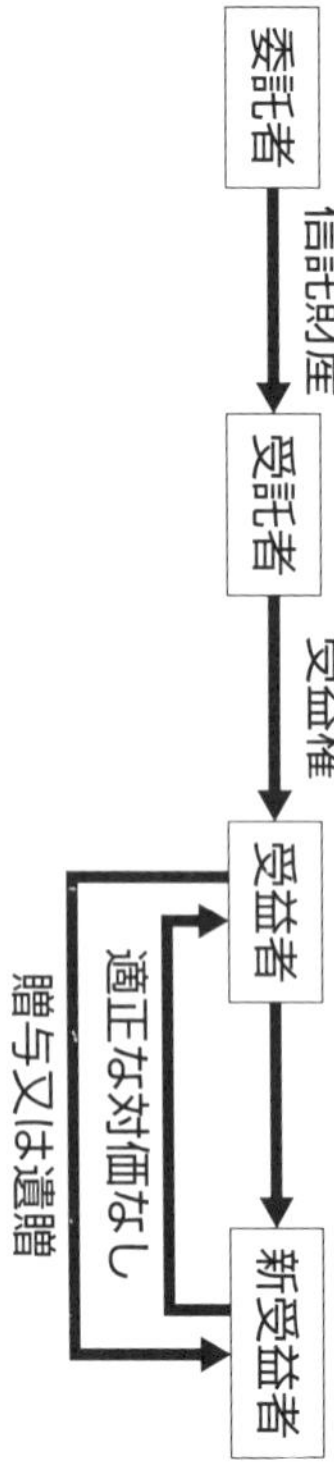
委託者
信託財産
受託者
受益権
受益者
新受益者
適正な対価なし
贈与又は遺贈

③　一部の受益者等が存在しなくなった場合

受益者等の存する信託について、その信託の一部に受益者等が存在しなくなった場合に、適正な対価を負担せず、既にその信託の受益者等である者がその信託に関する権利について新たに利益を受けることとなるときは、その信託の一部の受益者等が存在しなくなった時に、その利益を受ける者は、その利益をその信託の一部の受益者等であった者から贈与により取得したものとみなされる。

ただし、その受益者等であった者の死亡に基因してその利益を受けた場合には、遺贈により取得したものとみなされる。

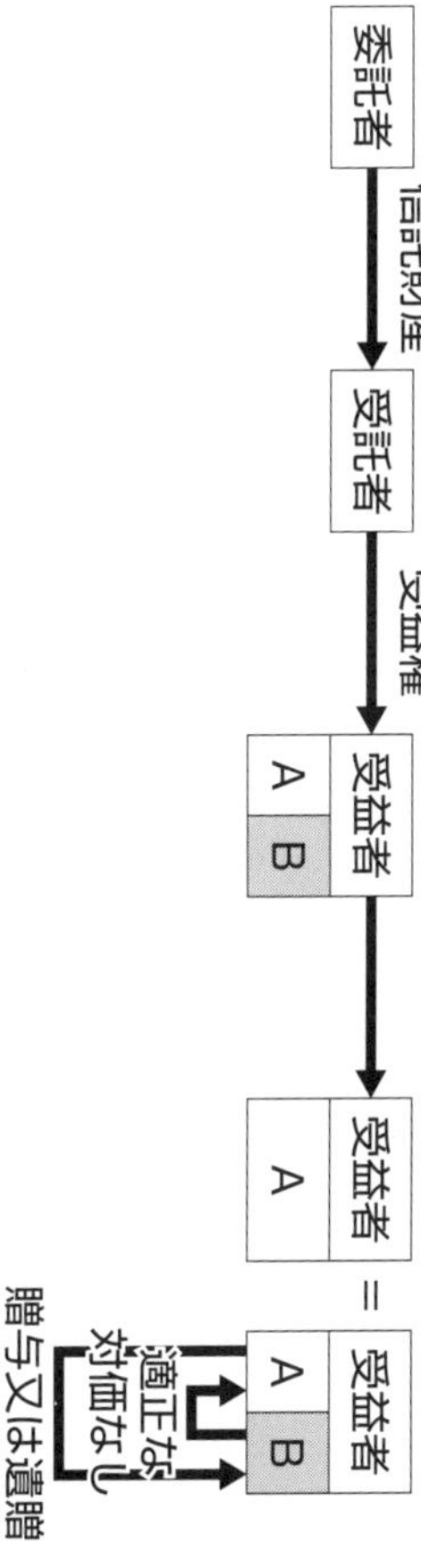
委託者
信託財産
受託者
受益権
受益者
A
B
受益者
A
＝
受益者
A
B
適正な対価なし
贈与又は遺贈

④　信託が終了した場合

受益者等が存する信託が終了した場合に、適正な対価を負担せず、その信託の残余財産の給付を受けたり財産が帰属すべき者となる者があるときは、その給付を受けるべき、または帰属すべき者となった時に、その信託の残余財産の給付を受けるべき、または帰属すべき者となった者は、その信託の残余財産（その信託終了直前において、その者がその信託の受益者等であった場合には、その受益者等として有していたその信託に関する権利に相当するものを除く）をその信託の受益者等から贈与により取得したものとみなされる。

ただし、その受益者等の死亡に基因してその信託が終了した場合には、遺贈により取得したものとみなされる。

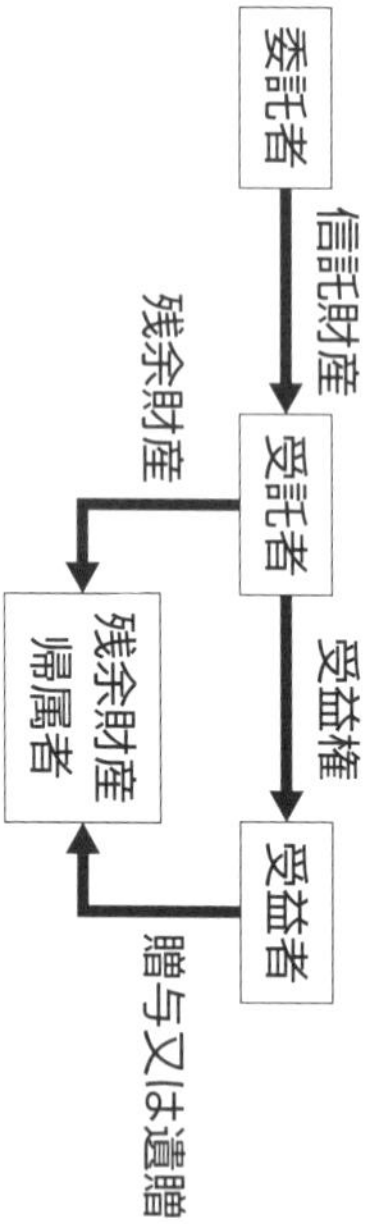
委託者
信託財産
受託者
受益権
受益者
残余財産
残余財産帰属者
贈与又は遺贈

## ❖みなし贈与財産と通常の贈与がある場合は？

信託によりみなし贈与財産となるものと通常の贈与がある場合は、それぞれ別の者から贈与があったものとして贈与税額の計算をすることとされている。したがって、この場合には、いずれからも贈与税の基礎控除一一〇万円を控除することができる。

（例）

委託者甲から信託財産をAとする信託を丙（受託者）にみなし贈与
贈与者乙から財産Bを丙（受贈者）に通常の贈与
（A－110万円）×税率＝贈与税額
（B－110万円）×税率＝贈与税額

また、委託者が違う信託をいくつか受託している場合にも、それぞれの信託ごとに別の者から贈与があったものとみなして贈与税の計算をする。

## ❖受益者等が存しない信託が複数ある場合は？

受益者等の存しない信託（P164**「受益者等が存しない信託の課税関係は？」**、P165**「受益者等が存しない信託の相続税の特例とは？」**参照）が二以上あり、かつ、受託者も二人以上いるときは、これらの受託者を一人とみなして贈与税額を計算し、求めた金額をそれぞれの受託者の課税価格の割合に応じて按分して計算することとなる。

（例）

受託者甲：信託財産をAとする信託を委託者丙からみなし贈与

受託者乙：信託財産をBとする信託を委託者丙からみなし贈与

（信託財産A＋信託財産B－110万円）×贈与税率＝贈与税額C

受託者甲：C×信託財産A÷（信託財産A＋信託財産B）＝納める贈与税額

受託者乙：C×信託財産B÷（信託財産A＋信託財産B）＝納める贈与税額

## ❖遺贈とみなされる場合の相続税の計算方法

信託によりみなし遺贈となる財産とそれ以外の相続又は遺贈により取得した財産がある場合は、それぞれの財産をそれぞれ別のものとみなして相続税額を計算することとされているが、この場合において、信託の受託者が相続人であるときは、その受託者の数は相続人の数に含めないこととなっており、信託に関する権利に係る相続税額の計算については、贈与税額控除のほか、配偶者の税額軽減、未成年者控除、障害者控除、相次相続控除の適用はないこととされている。

また、信託の受託者が遺贈により取得したとみなされるその信託に関する権利に係る相続税額には、相続税額の二割加算の規定が適用されることとなっている。

## ❖贈与税又は相続税から控除する法人税は？

贈与又は遺贈により信託を取得したとみなされる場合（Ｐ169「贈与又は遺贈とみなされる信託がある!?」参照）は、受託者に対して法人税が課せられることから、受益者等に対して贈与税又は相続税が課せられる時には、二重課税を防ぐために、その税額から法人税相当額（法人税、住民税、事業税）を控除（その税額を限度）することとされている。

## ❖贈与税の配偶者控除の対象になる!?

相続税法では、信託に関する権利を取得した者は、その信託にかかる信託財産に属する資産及び負債を取得し、又は承継したものとしてみなされることとなっているので、金銭の贈与を受けた配偶者が居住用不動産を信託受益権で購入する場合や居住用不動産を信託受益権の贈与により取得する場合のいずれもが、贈与税の配偶者控除の適用対象になることとなる。

# 第7章

# 「生前遺産分割」こそが最高の攻略法！

## ❖生前遺産分割の活用ポイント

平成二五年度の税制改正では、相続税の負担が重くなり、贈与税の負担が軽減されることとなった。

この「相重贈軽」は相続時精算課税制度が創設された平成一五年度改正からの流れであるが、今年度の税制改正では、さらに一層拍車がかかることになった。明らかに、税制は贈与促進税制となっている。これをうまく活用しないといけない。

では、どうしてこの税制を活用していったらよいのであろう。そのポイントをまとめてみることとする。

しかしながら、贈与は相続の補完的なものであることから、当然ながら、ケースバイケースになるので、実行に当たっては、シミュレーションをしっかりして検討しなければならない。そうすれば、必ずやうまくいく筈だ。「生前遺産分割！」これこそが相続対策の最高の攻略法なのである。

## ❖贈与

### (1) どれだけ贈与したらよいか

どれだけ贈与したらいいか… 相続が得か贈与が得かの分岐点を、「生前贈与分岐点」という。相続税の実効税率と贈与税の実効税率が等しくなるところが、「生前贈与分岐点」である。どうして求めるか、具体例で見てみよう。

相続財産が２億円、相続人が１人とすると、
基礎控除は3,000万円＋600万円×１人＝3,600万円、
課税対象は２億円－3,600万円＝１億6,400万円
となり、相続税は、下の相続税の速算表に当てはめて算出すると、
１億6,400万円×40％－1,700万円＝4,860万円となる。
したがって、相続税の実行税率は、4,860万円÷２億円＝24.3％となる。

【相続税の速算表】

| 法定相続人に応ずる取得金額 | | 税率 | 控除額 |
|---|---|---|---|
| | 1,000万円以下 | 10％ | － |
| 1,000万円超 | 3,000万円以下 | 15％ | 50万円 |
| 3,000万円超 | 5,000万円以下 | 20％ | 200万円 |
| 5,000万円超 | １億円以下 | 30％ | 700万円 |
| １億円超 | ２億円以下 | 40％ | 1,700万円 |
| ２億円超 | ３億円以下 | 45％ | 2,700万円 |
| ３億円超 | ６億円以下 | 50％ | 4,200万円 |
| ６億円超 | | 55％ | 7,200万円 |

【直系尊属から20歳以上の者へ贈与する場合の贈与税の実効税率表】

| 基礎控除、配偶者控除後の課税価格 | | 実効税率 |
|---|---|---|
| | 200万円以下 | 10％ |
| 200万円超 | 400万円以下 | 10％～12.5％ |
| 400万円超 | 600万円以下 | 12.5％～15％ |
| 600万円超 | 1,000万円以下 | 15％～21％ |
| 1,000万円超 | 1,500万円以下 | 21％～27.3％ |
| 1,500万円超 | 3,000万円以下 | 27.3％～36.2％ |
| 3,000万円超 | 4,500万円以下 | 36.2％～40.8％ |
| 4,500万円超 | | 40.8％ |

次に、贈与税（直系尊属から二〇歳以上の者へ贈与）の実効税率表（P180参照）から二四・三%となるゾーンを見つける。すると一〇〇〇万円超一五〇〇万円以下のゾーンであることがわかるので、これを特例贈与の贈与税の速算表（P76参照）に当てはめて、税率四〇%と控除額一九〇万円を求める。そして、最後にこれらを逆算して、求めた金額が生前贈与分岐点である。この場合であれば、一二一〇万円となる。

$$\frac{0.4x - 190\text{万円}}{x} = 24.3\%$$

$$x \fallingdotseq 1{,}210\text{万円}$$

つまり、この一二一〇万円が相続税の実効税率と贈与税の実効税率が同じになる金額で、この金額に贈与税の基礎控除額の一一〇万円を加えた金額、つまり、一三二〇万円より少ない金額の贈与であれば、税負担は軽くなるということである。

ただし、この場合には、次のような点に注意しておく必要がある。

① 相続財産の評価は、現時点のものであり一定でないこと
② 実効税率は税制改正によって変わることがあること
③ 贈与税にかかる金利を加味して考えていないこと

## （２）子供に贈与する？　それとも孫？

今年度の税制改正では、通常の贈与が、

①　直系尊属から二〇歳以上の者への贈与（特例贈与）と

②　①以外の贈与（一般贈与）

とに区分され、別々の贈与税率が適用されることとなったが、特例贈与については、若干の優遇措置が採られることとなった。

したがって、親から子へ、もしくは祖父母から孫へというよりも、受贈者が二〇歳以上かどうかが一つのポイントになることとなった。

とはいうものの、親から子へ贈与したものは、いったん子の相続財産となり相続税の対象となってから孫へ移転していくのに対して、孫への贈与であれば、子を一代飛ばして財産が移転できるという点で、祖父母から孫への贈与のほうが相続税上のメリットはあるといえよう。

## （３）計画的な贈与は必ず節税になる!?

一般に贈与税は相続税より高いといわれているが、長時間かけて計画的に贈与していけば、相続税の負担は確実に軽減される。それは、贈与税の計算方法と相続税の計算方法との違いがあるからである。

贈与税には、年一一〇万円の基礎控除（非課税）があり、これが毎年使えるというのが大きい。この基礎控除だけでも一〇年間であれば一一〇〇万円、二〇年になれば二二〇〇万円にもなり、これをたとえば、三人に贈与すれば三三〇〇万円、二〇年なら六六〇〇万円もの財産が無税で贈与できてしまうのだ。

さらには、相続税の税負担率より低い贈与税の税負担率の範囲（P179「生前贈与分岐点」参照）で贈与を実行していけば、確実に相続税は軽減されることになる。贈与のポイントは、次のような点である。

①　長期間かけて贈与していく

一度に多額の財産を贈与すると贈与税が高いので、長期間かけてボチボチ贈与していく。

②　分散して贈与する

一人よりも二人、二人より三人に贈与していけば多額の財産を贈与していくことができる。

③　相続税の負担率より低い贈与税の負担率の範囲で贈与する

相続税の負担率を計算して、それより低い範囲で贈与していく。

④　評価が上がりそうな財産を贈与する

評価の上昇が見込まれる財産があれば、早いうちに贈与していく。

## （4）こんな贈与の方法もある

「贈与税のかからない贈与」、そんな贈与もある。「死因贈与」というのがそれだ。

「私が死んだらこの財産をあげよう」という契約が死因贈与であるが、普通の贈与契約とは「自分が死んだら」という点で違う。この死因贈与は、贈与税がかからない。「いいじゃん、それ」と思われるかもしれないが、残念ながら、贈与税がかからない代わりに相続税がかかる。

じゃあ、贈与契約を結んだ時の財産の価額で相続税の計算をすることになるのかなと思われるかもしれないが、これもそうではなく、相続時の財産の価額で相続税の計算をすることになっている。

じゃあ、メリットないじゃんって思われるかもしれないが、死因贈与には、たとえば、「老後の面倒を見てくれるならこの財産をあげる」というように、条件をつけて贈与することができる。こんな贈与であれば、財産をもらえる人も喜んで面倒を見てくれるのではないだろうか。それにこの死因贈与は当事者間の贈与契約だから、原則的に、財産の移転が確実に行われるというメリットもある。

## (5) 贈与？ それとも相続時精算課税？

贈与は、(3)でも述べたように基礎控除があり、贈与の仕方によっては相続税の負担を確実に軽減することができる。

これに対して、相続時精算課税は、生前に贈与した財産を相続時にその価額で持ち戻して相続税の計算をする制度であるから、基本的に相続税の節税効果は期待できない。

節税効果を期待するなら通常の贈与を活用し、そうでない場合には相続時精算課税を活用するということになろう。

ただし、相続時精算課税制度でも、使い方によっては節税につながることもあるし、所得を移すこともできる（P185 **「相続時精算課税制度」**を参照）ので、そのメインの目的が何なのかをよく考えて使い分ける必要がある。

# ❖相続時精算課税制度

## (1) どんな人が使うとよいか

① 相続税がかからない人

相続時精算課税制度とは、一定の直系親族間贈与に認められた贈与の特例で、二五〇〇万円までの贈与には贈与税がかからず、それを超える部分の金額に対して一律二〇％の税率で贈与税がかかり、その贈与した財産は、相続時に持ち戻しされて相続税の対象に取り込まれる制度である。

したがって、もともと相続税がかからないという人であれば、この制度を使ってもなんらデメリットはないので、積極的にこの制度を使うことをお勧めする。

また、二五〇〇万円を超える財産の贈与をすると、その超えた部分に対して一律二〇％の贈与税がかかるが、相続時には還付されるので、早期に財産を移転させておきたいという場合には使っておくとよい。

ただし、贈与税を払うのもいやだし、相続税の申告をするのに費用がかかるからいやだ、というのであれば、先に通常の贈与を使って財産を減らしておき、その後にこの相続時精算課税制度を適用する、といったことも検討するとよい。

② 相続税の実効税率が二〇％以内の人

この特例は、贈与財産のうち二五〇〇万円を超える部分に対して一律二〇％の税率の贈与税が課せられる。したがって、相続税がかかる人で、その実効税率が二〇％以内という人であれば、税金を先に払うか後に払うかという違いはあるけれど、早い段階で財産の移転ができ、かつ、計画的に行えるという点で、この制度を活用するメリットがあるといえる。

③　相続税の実効税率が二〇%を超える人

この制度は、贈与した財産を相続時に持ち戻して相続税額を計算するので、相続税の実効税率が二〇%を超える人については、あまり節税効果は期待できないが、次のような効果もあるので検討してみるとよい。

（イ）収益物件などを贈与すると、そこから上がる収益部分は受贈者のものになるので、贈与者（被相続人）の財産の増加をストップさせることができる。

（ロ）相続時に持ち戻するときの財産の価額は、贈与時の価額であることから、将来的に財産の価額が上がる見込みのものを贈与しておけば、値上がり部分には相続税はかからないことになる。

（ハ）特定の財産を、特定の相続人に確実に承継させることができる。

（ニ）とりあえずは、二〇%の贈与税の負担だけで財産の移転ができる。

## (2) どのように使うのがよいか

この相続時精算課税制度には、次のような活用方法が考えられる。

①　資金援助

一般的な使い方としては、子供や孫への資金援助であろう。ローンの返済資金であるとか、車の購入資金、住宅資金の頭金などとして活用できる。

ただし、住宅の購入資金を贈与するのであれば、お金を出してあげるより、建てた（購入した）

住宅を贈与してあげる方が有利になる場合が多いので検討するとよい。

なぜなら、住宅で贈与する場合の財産の評価は、土地は路線価評価（固定資産税評価額に倍率をかけて計算する地区もある）、建物は固定資産税評価額となるが、いずれも一般的に購入価額より低い評価額になるからである。

② 所得税対策・収益移転対策

親の所得税が高い場合には、その収益を生み出す物件を子供に贈与することによって、所得税の負担を軽くすることができる。また、子にとっては、収益部分を無税で贈与してもらったことと同じ効果が得られることになる。

③ 相続税対策

収益物件を子供に贈与すれば、その時点から、その物件からもたらされる財産の増加をストップすることができる。また、将来的に評価が上昇すると思われる財産については、早い時点で贈与しておけば、その上昇部分は相続に影響しないので、相続税対策になる。

④ 遺産分割をめぐるトラブル防止対策

この制度を活用して各子供に財産を移転しておけば、相続時の遺産分割をめぐるトラブルを回避しやすくなる。

## (3) どんな財産を贈与するのがよいか

どんな財産を贈与するとよいかは、この制度をどんな目的で使うかによって違ってくる。

① 資金援助の場合

資金援助を目的とする場合であれば、当然、現金であるが、コンスタントに入ってくる収入を手当てしてやるというのであれば、収益物件を贈与するのがよいだろう。

② 所得税対策・収益移転対策の場合

親の所得税対策も兼ねてという場合であれば、収益物件を贈与すればよい。そうすれば、子に所得を移転させることができ、子はそれを相続税の納税資金として活用することもできる。

③ 相続税対策の場合

地価は今後上がるかどうかわからないが、たとえば、宅地開発される予定の土地や再開発地区にあるような土地で、将来土地の価値が上がる見込みのある宅地などは、早々に贈与しておいたほうがいいし、会社の業績がよく将来の事業承継に不安があるというような場合であれば、自社株を贈与しておくとよい。そうすれば、それ以降の財産の価額の上昇は影響しないこととなる。

④ 遺産分割をめぐるトラブル防止対策

遺産分割をめぐるトラブルを事前に防止するためにこの制度を活用するということであれば、どの財産を誰に贈与するかという計画をあらかじめ立て、その計画に基づいて実行するのがよい。

## (4) 適用する？　しない？

① 基本的な考え方

相続時精算課税制度は、生前贈与した財産を相続時に持ち戻し（加算）して相続税を計算する制度であるから、財産の価額が上がっていくものを贈与するという場合以外は、基本的に相続税の節税は望めない。相続税の節税をメインで考えるのであれば、この制度を使うよりも、通常の贈与を使った方がよい。

では、どのような場合にこの制度を活用するとよいかというと、

（イ）財産を移転することによって、相続税以外の税（所得税など）の節税効果がある

（ロ）子供に贈与税の負担なく資金援助をしてやりたい

（ハ）特定の財産を特定の相続人に承継させたい

こんな場合であろう。

また、相続税がかからない人であれば、二五〇〇万円まであれば贈与税も相続税もかからないので、ためらわずに使おう。

② 収益物件の場合

収益物件のように財産が財産を生むものについては、この制度を活用して早期に贈与するとよい。そうすれば、その時点から親の財産が増えていかず、子供がその収益を享受できるようになる。

③ 財産の価額上昇が見込まれる場合

この制度は、贈与した財産を、相続時にその贈与時の価額で持ち戻しして相続税を計算する制度である。

したがって、贈与時の価額が相続時の価額より低い、つまり、評価が上昇していくと見込まれるものは早いうちに贈与した方がいいし、逆に評価が下がっていくと見込まれるものは贈与しては損ということになる。評価が上がっていくと見込まれるものは、早めに贈与しておこう。

## ❖死因贈与

### (1) どんな人が使うとよいか

死因贈与というのは、「オレが死んだらこの財産をあげる」という契約である。遺言と性格はよく似ているが、遺言による遺贈は、受遺者によって拒否できるけれど、死因贈与は契約なので、取り消すことができないという点で大きく違う。

また、遺言の場合は、相続人が全員で遺言を無視して、遺言と違う遺産分割をすることもできるが、死因贈与はできない。

つまり、死因贈与というのは、特定の人に財産を、確実に自分の死後に渡したいという場合に適している財産の処分方法なのである。自分の目の黒いうちは財産を渡せないが、自分が死んだら確実にコイツにこの財産を渡したいという場合は、死因贈与をしておくとよい。

### (2) どんな風に使うとよいか

死因贈与の特徴は、

① 自分の死後に
② 自分の財産を確実に特定の人に渡すことができる
③ 契約である

という点にある。

したがって、このような贈与をするなら死因贈与がいいということになるのだが、それが本当に死因贈与かどうか立証できるようにしておかねばならない。

なぜなら、贈与が行われる時には贈与者はいないからである。受贈者が相続人であれば、他の相続人の了承さえもらえば、その財産を手に入れることもできようが、相続人でない場合であれば、非常に難しいと思われる。

さらに、受贈者が相続人以外であれば、税務署に対し、死因贈与を立証しなければ、①相続人がいったん相続したものを贈与したものとして贈与税が課せられてしまう、もしくは②受贈者が財産をもらうことすら難しい、こととなってしまうであろう。いずれにしても厄介である。そうならないためにも、きちんと書面で贈与契約を結び、確定日付などを取っておかなければならない。

### (3) 生前贈与か死因贈与か

生前贈与も死因贈与も、「自分の財産をアンタにあげるよ」「ありがとう」という契約で、財産を確実に相手に渡すことができるという点では同じである。

違うのは、生前に財産を渡すのか、死んだ後なのかである。
① 自分の生きている間は、その財産を持っていたい
② 受贈者の年齢がまだ若いので、渡すには早すぎる
③ 収益物件なので、生きている間にそれがなくなると困る
というような場合には、死因贈与を検討するとよいが、基本的には契約なので、取り消すことができないということをよく考えておかなければならない。

### (4) 死因贈与か遺言か

死因贈与も遺言による贈与(遺贈)も、自分の死後の財産処分という点では同じである。もらった方は、どちらも相続税がかかる。

違うのは、

① 死因贈与は、生前に取り交わす贈与契約である

② 遺贈は、贈与者の単独行為であり、一方的な意思表示である

③ 死因贈与は取消しができないが、遺贈は放棄ができる

④ 死因贈与はオープンに行われるが、遺贈は秘密裏に行われる

という点である。

確実に財産を渡したいなら死因贈与、そうでもなく単なる自分の意思にすぎず、何が何でもということではないのなら遺言による贈与ということになる。また、遺言は、財産処分の指定だけでなく、自分の思いや考えなども残すことができるという点で死因贈与とは違う。そうしたことも考えて使い分けをするとよい。

## ❖贈与税の納税猶予

### (1) どんな人が使うとよいか

贈与税の納税猶予は、先代経営者から後継者へ、経営に必要な自社株を贈与する場合に認められた贈与税の特例である。

中小企業のオーナーの場合は、往々にして、財産は自社株だけという場合が多いが、そのような場合に後継者に自社株を全部贈与してしまったら、他の相続人は何ももらえずトラブルになってしまう。

そんなことから、民法の特例（P151参照）が創設されたのであるが、それとしても相続人全員の合意がなされていなければならない。そうでないと、贈与税が納税猶予されても相続税の申告のところで分割協議がまとまらず、相続税の納税猶予が申請できなくなってしまうハメになる。こうなっては元も子もない。この制度を受ける前に「会社の株は甲、残りを相続人で分ける」という合意を取り付けておこう。

## (2) どのようにしておかなければならないか

贈与税の納税猶予には、贈与者と受贈者について次の要件が課されている。

① 後継者（受贈者）の要件

贈与を受ける時において、次の要件を満たしていること

(イ) 会社の代表権を有していること

(ロ) 二〇歳以上であること

(ハ) 役員等の就任から三年以上経過していること

(ニ) 総議決権数の五〇％超の議決権を後継者及びその親族で有しており、かつ、これらの者の中で最も多く議決権を有することとなること

② 先代経営者（贈与者）の要件
（イ）会社の代表権を有していたこと
（ロ）贈与の時までに代表取締役を退任すること
（ハ）贈与の直前において、総議決権数の五〇％超の議決権を贈与者及びその親族で有しており、かつ、後継者を除いたこれらの者の中で最も多く議決権を有していたこと
したがって、この適用を受けるには、まずこの要件を満たしておかなければならない。

## (3) 贈与税の納税猶予か相続税の納税猶予か

納税猶予には相続税の納税猶予と贈与税の納税猶予があるが、どちらを適用するのがいいか。いろいろ会社によって事情が違うので、こうだとはいい切れないが、次のようなことを考慮して判断されるとよい。

① 贈与税の納税猶予を受けた株式等は、相続の際に、相続又は遺贈により取得したものとみなして相続財産に取り込まれるが、その時の価額は贈与時の価額となっている。したがって、株式等の価額が上がっていくと見込まれる場合には、贈与税の納税猶予の適用を受けておくのがよい。

② 贈与の納税猶予は、受贈者が二〇歳以上であること、役員等の就任から三年以上経過していることの要件があることから、これをクリアしないと納税猶予は受けられない。

③ 贈与税の納税猶予は遺産分割についての相続人の明確な合意はいらないが、相続税の納税猶予は、申告期限までにその株式等の分割が確定していなければ適用が受けられない。

④　相続税の納税猶予については、相続開始の時において、被相続人が代表者であっても、又はそうでなくても、議決権数の要件を満たしていれば、適用を受けることが可能であるが、贈与税の納税猶予については、贈与の時までに、役員（改正後は代表取締役）を退任しておかなければならない。

## （４）贈与税の納税猶予か相続時精算課税か

自社株を後継者に贈与する場合、納税猶予がいいのか相続時精算課税がいいのか。違いをまとめてみると次のようになる。

| | 贈与税の納税猶予 | 相続時精算課税 |
|---|---|---|
| 対象となる会社 | 一定の中小企業者 | 制限なし |
| 贈与者 | 代表権を有していた一定の者 | 贈与年の1月1日現在で60歳以上（現行65歳以上（一般型））の両親、祖父母（現行、両親のみ） |
| 受贈者 | 贈与日に20歳以上である一定の代表取締役 | 贈与年の1月1日現在で20歳以上の贈与者の推定相続人、孫（現行、推定相続人のみ） |
| 株式数 | 一定の要件あり | 要件なし |
| 他の財産の贈与 | 特に影響なし | すべて相続時精算課税となる |
| 贈与後 | 一定の届出が必要。取り消される場合もある | 同上 |
| 相続時 | 相続又は遺贈により取得したものとみなされる | 相続財産に加算 |
| 税額 | 相続時に免除となり、一定の要件を満たせば相続税の納税猶予の適用が受けられる | 納めた税額は控除される |
| 相続税の課税価格 | 贈与時の価額 | |
| 相続税対策の観点 | 相続税の納税猶予を受けるとなると８割相当額が猶予され、一定の場合には免除される | ほとんどない |

### （5）贈与税の納税猶予か贈与か

自社株を後継者に贈与する場合、納税猶予がいいのか贈与がいいのか。違いをまとめてみると次のようになる。

| | 贈与税の納税猶予 | 贈与 |
|---|---|---|
| 対象となる会社 | 一定の中小企業者 | 制限なし |
| 贈与者 | 代表権を有していた一定の者 | 制限なし |
| 受贈者 | 贈与日に20歳以上である一定の代表取締役 | 制限なし |
| 株式数 | 一定の要件あり | 制限なし |
| 他の財産の贈与 | 特に影響なし | |
| 贈与後 | 一定の届出が必要。取り消される場合もある | 何もなし |
| 相続時 | 相続又は遺贈により取得したものとみなされる | 何もなし |
| 税額 | 相続時に免除となり、一定の要件を満たせば相続税の納税猶予の適用が受けられる | 贈与財産によって変わる。基礎控除の範囲であれば税額の負担がない |
| 相続税の課税価格 | 贈与時の価額 | 贈与時の価額（相続開始３年以内の贈与だけが対象になる） |
| 相続税対策の観点 | 相続税の納税猶予を受けるとなると８割相当額が猶予され、一定の場合には免除される | 時間をかければ税額の負担を大きく減らすこともできる |

## ❖信託

### (1) どんな人が使うとよいか

信託は、どちらかといえば、税金対策というより財産の管理・処分を自分の思いどおりに実現したいという場合に活用できるものである。したがって、税金対策より財産の管理・処分に重点をおいているという者は検討するとよい。

なお、信託には、生前に信託契約を結ぶ方法と遺言による方法があるが、より確実にということであれば、生前に信託契約を結ぶ方法をとるのがよい。

### (2) どんな使い方ができるか

信託を相続・事業承継対策として活用すると、たとえば次のようなことができるようになる。

また、信託を使うと、民法の相続概念にとらわれず、自由にその承継先を何代も指定できるので、資産承継や事業承継を自分の筋書きどおり作り上げたいという場合には有効な手段である。

① 遺言の代わりに生前に財産の処分方法を決めておく（遺言代用信託）
② 財産の処分を二代以上にわたって決めておく（後継ぎ遺贈型受益者連続信託）
③ 生前に自社株を信託して、後継者に株が確実にわたるようにする（他益信託）
④ 子供がいない場合の財産処分
⑤ 障害者である子供の将来の生活を保障
⑥ 子供に生前贈与した後もその財産を勝手に使わせない

⑦　不動産を共同相続させる
⑧　不動産の管理処分を特定の相続人を受託者にして認知症に備える
　このように、信託を使うと財産の管理・給付・処分について、いろんなことができるようになるので、検討してみるとおもしろい。

**(3) 遺言代用信託の活用**

①　スキーム
　経営者が自社株に信託を設定し、自らを当初の受益者、自分の死亡時は後継者を受益者とする信託契約を締結する。
②　特徴
・経営者は、死ぬまで経営権を維持でき、死亡後は、後継者に確実に経営権を委譲できる
・株式の分散リスクを防止できる
・後継者は、経営者の相続と同時に受益者となることから、経営上の空白期間が生じない

**(4) 後継ぎ遺贈型受益者連続信託の活用**

①　スキーム
　経営者が自社株に信託を設定し、後継者を受益者、受益者の死亡後は次の後継者が受益権を取得する旨の信託契約を締結する。
②　特徴

・二代先の後継者まで指定することができる
・受益権を分割して、たとえば長男だけでなく次男にも取得させるようにすれば、遺留分の問題も回避できる

## （5）他益信託の活用

① スキーム

経営者が自社株に信託を設定し、後継者を受益者とする信託契約をする。

② 特徴

・経営者は議決権行使の指示権を保持しておけば、経営者は経営権を維持しながら、自社株だけを移転することができる
・信託終了時に後継者に自社株が交付されることを定めておけば、後継者の地位が安定し、後継者のモチベーションも上げられる

## （6）遺言代用信託と遺言か

遺言代用信託と遺言との違いをまとめると、次のようになる。

| | 確実性、円滑性 | 安定性 |
|---|---|---|
| 遺言代用信託 | ・経営者の死亡と同時に相続人等が受益者になるので、スムーズに財産の管理・処分等がすすむ<br>・生前に契約を結ぶので確実性がある | 委託者が受益者変更権を有しないとする信託契約であれば、受益者等が確実に受益権を取得することができるので、その地位が安定する |
| 遺言 | 遺言は必ずしも実現できないし、また遺言の執行に時間がかかる | 遺言はいつでも撤回できることから、受遺者の地位は安定しない |

## ⑺ 遺言信託か遺言か？

遺言信託と遺言との違いをまとめると、次のようになる。

<table>
<tr><th></th><th>確実性、円滑性</th><th>安定性</th><th>財産の管理・処分</th></tr>
<tr><td>遺言信託</td><td rowspan="2">・遺言は必ずしも実現できない<br>・遺言の執行に時間がかかる</td><td rowspan="2">遺言はいつでも撤回できることから、受遺者の地位は安定しない</td><td>財産の管理・給付・処分を規定している</td></tr>
<tr><td>遺言</td><td>財産の管理・給付・処分を規定していない</td></tr>
</table>

## ◆著者紹介


三輪　厚二（みわ　こうじ）

昭和32年１月生まれ。昭和54年関西大学経済学部卒業。

平成５年税理士登録。平成５年三輪厚二税理士事務所開設。

現在、㈱FPシミュレーション、㈲顧問料不要の三輪会計事務所、ネットラボ㈱の代表取締役を兼ねる。

著書として、『生前遺産分割のすすめ』、

『続・生前遺産分割のすすめ』、

『地主の法人化をめぐる税務と法手続』、

『税理士・FPのための不動産活用の税務』、

『自社株評価の改正と上手な事業承継』、

『同族会社の事業承継と税務対策』、

『ポイント解説・相続税と贈与税』（以上、清文社刊）他、

『個人財産のリストラと相続対策』（出版文化社刊）がある。

事務所：大阪市中央区備後町２-４-６　森田ビル１階

TEL：06-6209-8393

FAX：06-6209-8145

URL：http：//www.zeirishi-miwa.co.jp



**相続税《そうぞくぜい》大増税《だいぞうぜい》‼　「生前遺産分割《せいぜんいさんぶんかつ》」で財産《ざいさん》を守《まも》れ**

**新相続税《しんそうぞくぜい》の攻略法《こうりゃくほう》はコレだ！**

2013年６月10日　発行

著　者　　三輪《みわ》　厚二《こうじ》 Ⓒ

発行者　　小泉　定裕

発行所　　株式会社 清文社

東京都千代田区内神田１－６－６（MIFビル）

〒101-0047　電話 03(6273)7946　FAX 03(3518)0299

大阪市北区天神橋２丁目北２－６（大和南森町ビル）

〒530-0041　電話 06(6135)4050　FAX 06(6135)4059

URL http://www.skattsei.co.jp/

印刷：㈱廣済堂





ISBN978-4-433-52753-2